575

みんなの俳句がいっぱい！

# 学校歳時記

## 5 冬・新年の季語


監修　筑波大学附属小学校　白坂洋一

協力　現代俳句協会　秋尾敏

夏井いつき（選・鑑賞）

# はじめに

四季《しき》を通《とお》して、わたしたちは自然《しぜん》とともに生活《せいかつ》しています。この『みんなの俳句《はいく》がいっぱい！　学校歳時記《がっこうさいじき》』には、学校《がっこう》での生活《せいかつ》を中心《ちゅうしん》とした一《いち》年間《ねんかん》の行事《ぎょうじ》や自然《しぜん》の様子《ようす》などをまとめています。季節《きせつ》の移《うつ》り変《か》わりとともにわたしたちが感《かん》じる心《こころ》、さらには、くらしの知恵《ちえ》がつまっていると言《い》っていいでしょう。

この本《ほん》には、俳句《はいく》において季節《きせつ》を表《あらわ》す言葉《ことば》である「季語《きご》」だけでなく、実際《じっさい》に小《しょう》・中学生《ちゅうがくせい》の子《こ》どもたちがつくった俳句《はいく》も数多《かずおお》く紹介《しょうかい》しています。みなさんが俳句《はいく》を創作《そうさく》するとき、この歳時記《さいじき》を参考《さんこう》にしてみるのもよいでしょう。ページをめくるたびに、「これって冬《ふゆ》の季語《きご》なんだ！」「これも季《き》節《せつ》を表《あらわ》す言葉《ことば》なの？」とおどろきや発見《はっけん》があるかもしれません。そして、日本語《にほんご》の豊《ゆた》かさに感動《かんどう》を覚《おぼ》えることでしょう。

あなたの「おどろきや発見《はっけん》」は「感動《かんどう》」へとつながっていくのです。

さあ、みなさんも『みんなの俳句《はいく》がいっぱい！　学校歳時記《がっこうさいじき》』のページをめくって、俳句《はいく》の世界《せかい》へ飛《と》びこみましょう！

筑波大学附属小学校《つくばだいがくふぞくしょうがっこう》　白坂洋一《しらさかよういち》

## この本《ほん》によく出《で》てくる言葉《ことば》について

### ● 二十四節気《にじゅうしせっき》

旧暦《きゅうれき》を用《もち》いていた時代《じだい》に使《つか》われた季節区分《きせつくぶん》のひとつ。地球《ちきゅう》から見《み》た太陽《たいよう》の通《とお》り道《みち》を黄道《こうどう》といい、太陽《たいよう》が黄道《こうどう》のどの位置《いち》にあるかによって、二十四《にじゅうよん》の季節《きせつ》に分《わ》けたもの。

※二十四節気《にじゅうしせっき》については、1巻《かん》でくわしく説明《せつめい》しています。

### ● 旧暦《きゅうれき》

明治時代《めいじじだい》の初《はじ》めまで使《つか》われていた昔《むかし》の暦《こよみ》。月《つき》の満《み》ち欠《か》けで一月《ひとつき》の長《なが》さを決《き》めていたので、毎年《まいとし》、暦《こよみ》と実際《じっさい》の季節《きせつ》がずれていった。そこで数年《すうねん》に一度《いちど》、うるう月《づき》を入《い》れ、一年《いちねん》を十三《じゅうさん》か月《げつ》とし、調整《ちょうせい》していた。旧暦《きゅうれき》と現在《げんざい》の暦《こよみ》は、約一《やくいっ》か月《げつ》ほどずれている。

# この本《ほん》の使《つか》い方《かた》

この本《ほん》では、冬《ふゆ》・新年《しんねん》の季語《きご》を「冬《ふゆ》・新年《しんねん》の思《おも》い出《で》」「くらし・たべもの」「生《い》きもの」「おてんき」「おもしろい言葉《ことば》」の5章《しょう》に分《わ》けて紹介《しょうかい》しています。

**季語《きご》（見出《みだ》し）**
季語《きご》とその意味《いみ》を解説《かいせつ》しています。

**こんな季語《きご》もあるよ**
見出《みだ》しの季語《きご》に関連《かんれん》する、ほかの季語《きご》を紹介《しょうかい》しています。

**例句《れいく》**
季語《きご》を使《つか》った俳句《はいく》を紹介《しょうかい》しています。

**みんなの俳句《はいく》**
小学生《しょうがくせい》、中学生《ちゅうがくせい》がつくった俳句《はいく》を紹介《かいしょう》しています。読《よ》んで楽《たの》しむのはもちろん、俳句《はいく》づくりの参考《さんこう》にもなります。

すき焼き 三
牛肉や野菜などを鉄鍋で煮た冬のごちそう。江戸時代に農家の人が「すき」という農具の上で魚やとうふを焼いたことから、この名前になった。
こんな季語もあるよ　牛鍋
すきやきのお肉をくれる母の愛　小五　らら

焼きいも 三
さつまいもを焼いたもの。焼いた小石の中で蒸したり、ストーブの上に置いたり、電子レンジやオーブンを使ったりしてつくる。ほっくりと割ったときの黄金色が食欲をそそる。
勉強中外から聞こえる焼き芋の声　小六　steph curry3世

おでん 三
大根やちくわ、こんにゃく、卵などを煮こんだ料理。地域によって中身が少しずつちがう。もともとは、焼きどうふにみそをぬった料理だった。
硝子戸におでんの湯気の消えてゆく　高浜虚子

たい焼き 三
鯛の形をした生地の中に小豆のあんこがつつまれているお菓子。最近はクリームやチョコレート、さつまいもあんなどいろいろな種類がある。
たいやきを二つぶらさげ友の家　小五　みなみ

28

みんなの俳句
あと少し寒さに耐えるヒザ小僧　中二　中村歩
寒い朝体を寄せて歩く道　中二　坂口謙介
登下校かじかむ指よもう少し　小五　空岸雲之介
朝早く宝さがしの霜柱　小四　平霜
校庭のすみに彩り寒つばき　小六　森魚

29

**時期《じき》のアイコン**
冬《ふゆ》を「初冬《しょとう》」「仲冬《ちゅうとう》」「晩冬《ばんとう》」「三冬《さんとう》」の4つと「新年《しんねん》」に分《わ》けて、どの時期《じき》の季語《きご》かを示《しめ》しています。

初 →初冬《しょとう》（立冬《りっとう》から大雪《たいせつ》の前日《ぜんじつ》まで）
仲 →仲冬《ちゅうとう》（大雪《たいせつ》から小寒《しょうかん》の前日《ぜんじつ》まで）
晩 →晩冬《ばんとう》（小寒《しょうかん》から立春《りっしゅん》の前日《ぜんじつ》まで）
三 →三冬《さんとう》（冬全体《ふゆぜんたい》）
新 →新年《しんねん》（一月一日《いちがつついたち》から十五日《じゅうごにち》ごろまで）

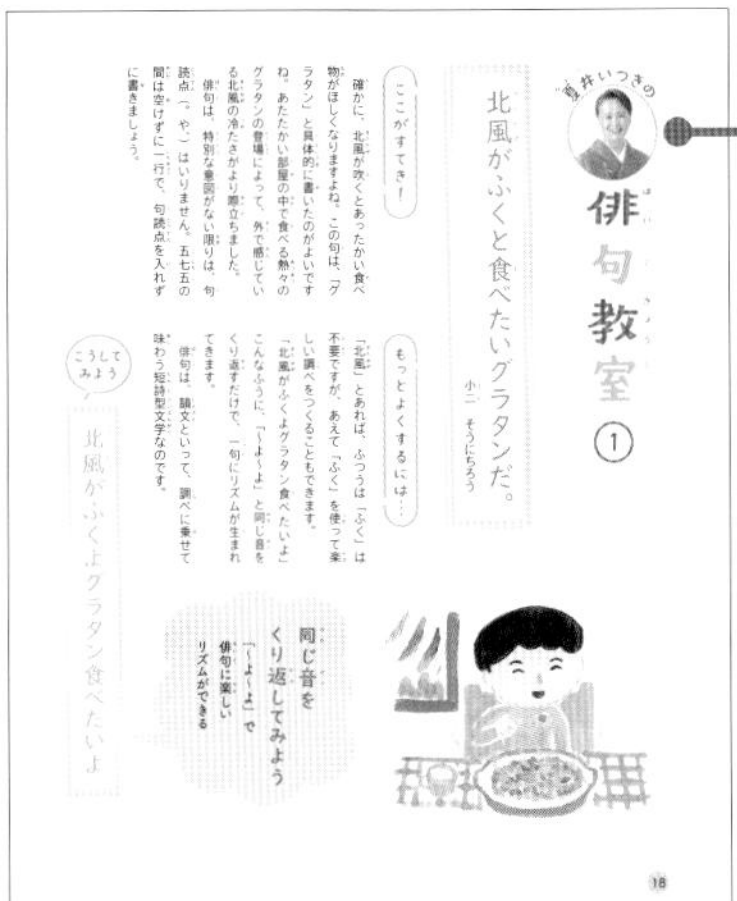
夏井いつきの俳句教室①
北風がふくと食べたいグラタンだ。　小二　そうにちろう
ここがすてき！
確かに、北風が吹くとあったかい食べ物がほしくなりますよね。この句は、「グラタン」と具体的に書いたのがよいですね。あたたかい部屋の中で食べる熱々のグラタンの登場によって、外で感じている北風の冷たさがより際立ちました。
俳句は、特別な意図がない限りは、句読点（。や、）はいりません。五七五の間は空けずに一行で、句読点を入れずに書きましょう。
もっとよくするには…
「北風」とあれば、ふつうは「ふく」は不要ですが、あえて「ふく」を使って楽しい調べをつくることもできます。「北風がふくよグラタン食べたいよ」こんなふうに、「〜よ〜よ」と同じ音をくり返すだけで、一句にリズムが生まれてきます。
俳句は、韻文といって、調べに乗せて味わう短詩型文学なのです。
同じ音をくり返してみよう
「〜よ〜よ」で俳句に楽しいリズムができる
こうしてみよう
北風がふくよグラタン食べたいよ
18

**夏井先生《なついせんせい》の俳句教室《はいくきょうしつ》**
章末《しょうまつ》には俳人《はいじん》・夏井《なつい》いつき先生《せんせい》が、子《こ》どもがつくった俳句《はいく》にアドバイスするページを設《もう》けています。俳句《はいく》づくりのヒントを知《し》ることができます。

# もくじ


はじめに …… 2

この本《ほん》の使《つか》い方《かた》 …… 3

1章《しょう》 冬《ふゆ》・新年《しんねん》の思《おも》い出《で》 …… 5

みんなの俳《はい》句《く》 …… 17

夏《なつ》井《い》いつきの俳《はい》句《く》教室《きょうしつ》① …… 18

2章《しょう》 くらし・たべもの …… 19

みんなの俳《はい》句《く》 …… 29

夏《なつ》井《い》いつきの俳《はい》句《く》教室《きょうしつ》② …… 30

3章《しょう》 生《い》きもの …… 31

みんなの俳《はい》句《く》 …… 39

夏《なつ》井《い》いつきの俳《はい》句《く》教室《きょうしつ》③ …… 40

4章《しょう》 おてんき …… 41

みんなの俳《はい》句《く》 …… 53

夏《なつ》井《い》いつきの俳《はい》句《く》教室《きょうしつ》④ …… 54

5章《しょう》 おもしろい言葉《ことば》 …… 55

みんなの俳《はい》句《く》 …… 60

夏《なつ》井《い》いつきの俳《はい》句《く》教室《きょうしつ》⑤ …… 61

さくいん …… 62

# 1章《しょう》

# 冬《ふゆ》・新年《しんねん》の思《おも》い出《で》

# クリスマス

仲

十二月二十五日《じゅうにがつにじゅうごにち》、キリストの誕生日《たんじょうび》を祝《いわ》う行事《ぎょうじ》。キリストの誕生《たんじょう》にはさまざまな説《せつ》があるが、三二五《さんびゃくにじゅうご》年《ねん》におこなわれたキリスト教《きょう》の会議《かいぎ》で、誕生《たんじょう》の日《ひ》を十二月二十五日《じゅうにがつにじゅうごにち》と決《き》めて祝《いわ》うことにした。クリスマスツリーをきれいにかざり、ごちそうやおかしを食《た》べて楽《たの》しくすごす。

**こんな季語《きご》もあるよ**

クリスマスイブ　サンタクロース
クリスマスツリー　聖夜《せいや》　聖歌《せいか》

サンタさんゆめをとどけるはいたつや

小六《しょうろく》　朴澤樹

## 七五三《しちごさん》

初

十一月十五日《じゅういちがつじゅうごにち》、子《こ》どもの成長《せいちょう》を祝《いわ》う行事《ぎょうじ》。男《おとこ》の子《こ》は三才《さんさい》と五才《ごさい》、女《おんな》の子《こ》は三才《さんさい》と七才《ななさい》に神社《じんじゃ》にお参《まい》りする。もともとは公家《くげ》や武家《ぶけ》などでおこなわれていた子《こ》どもの成長《せいちょう》を祝《いわ》う風習《ふうしゅう》が、江戸時代《えどじだい》に庶民《しょみん》の人《ひと》たちの間《あいだ》にも広《ひろ》まり、明治時代《めいじじだい》に現在《げんざい》のような形《かたち》になったとされる。

七五三神社《しちごさんじんじゃ》の前《まえ》ではいチーズ

小五《しょうご》　幸せユキ

## 節分《せつぶん》

晩

二月三日《にがつみっか》の行事《ぎょうじ》。節分《せつぶん》は「季節《きせつ》の分《わ》かれ目《め》」という意味《いみ》。昔《むかし》の暦《こよみ》では立春《りっしゅん》（二月四日《にがつよっか》ごろ）が一年《いちねん》の始《はじ》まりだった。前日《ぜんじつ》の節分《せつぶん》は一年《いちねん》の最後《さいご》の日《ひ》で、豆《まめ》まきなどをおこなって悪《わる》いことをする鬼《おに》（邪気《じゃき》）を追《お》いはらい、新年《しんねん》の幸《しあわ》せをいのった。

こんな季語《きご》もあるよ

豆《まめ》まき　年《とし》の豆《まめ》

せつぶんはおにがこわくてはやくねる

小一《しょういち》　ねぼすけそういち

## 冬休《ふゆやす》み

仲

年末年始《ねんまつねんし》の二週間《にしゅうかん》ほど、学校《がっこう》が休《やす》みになる。クリスマスやお正月《しょうがつ》など楽《たの》しい行事《ぎょうじ》がいっぱいで、あっという間《ま》にすぎてしまう。雪《ゆき》の多《おお》い地域《ちいき》では、ほかの地域《ちいき》よりも休《やす》みの期間《きかん》が長《なが》くなることもある。

冬休《ふゆやす》み校《こう》しゃも大《おお》きなわたぼうし

小一《しょういち》　雪穂

## すす払《はら》い

仲

新《あたら》しい年《とし》を気持《きも》ちよくむかえるために、家《いえ》の中《なか》やまわりをていねいにそうじすること。古《ふる》くは十二月十三日《じゅうにがつじゅうさんにち》におこなわれ、お正月《しょうがつ》の神《かみ》さまをむかえるための神聖《しんせい》な行事《ぎょうじ》だった。

我《わ》が家《いえ》は団扇《うちわ》で煤《すす》をはらひ《（い）》けり

小林一茶《こばやしいっさ》

## もちつき

仲

蒸《む》したもち米《ごめ》を臼《うす》に入《い》れて、杵《きね》という木《き》の棒《ぼう》でつき、正月《しょうがつ》用《よう》のもちをつくる。もちは特《とく》別《べつ》な日《ひ》の食《た》べものだと伝統的《でんとうてき》に考《かんが》えられ、もちをつく行為《こうい》にも儀式的《ぎしきてき》な意味《いみ》がある。

もちつきや犬《いぬ》の見上《みあ》ぐる杵《きね》の先《さき》

森川許六《もりかわきょりく》

# 大晦日《おおみそか》

仲

十二月三十一日《じゅうにがつさんじゅういちにち》、一年《いちねん》の最後《さいご》の日《ひ》のこと。夜遅《よるおそ》くまで眠《ねむ》らないでお正月《しょうがつ》の神《かみ》さまをむかえる風習《ふうしゅう》がある。寺《てら》では、大晦日《おおみそか》の夜《よる》に一〇八《ひゃくはち》のぼん悩《のう》を取《と》りさるため、除夜《じょや》の鐘《かね》をつく。家庭《かてい》では、年越《としこ》しそばを食《た》べ、一年《いちねん》の終《お》わりをすごす。

**こんな季語《きご》もあるよ**

行《ゆ》く年《とし》　除夜《じょや》の鐘《かね》　年越《としこ》し　年《とし》の暮《くれ》

大晦日《おおみそか》我《わ》が身《み》を見《み》つめ思《おも》い馳《は》せる

小六《しょうろく》　柚夢

# 正月《しょうがつ》

新

一年《いちねん》の初《はじ》めに、家《いえ》に幸《しあわ》せをもたらすお正月《しょうがつ》の神《かみ》さまが山《やま》から降《お》りてくるといういい伝《つた》えがある。正月《しょうがつ》は、この神《かみ》さまを家《いえ》にむかえ、一年《いちねん》の幸《しあわ》せと健康《けんこう》を願《ねが》って祝《いわ》う行事《ぎょうじ》。お祝《いわ》いの料理《りょうり》を食《た》べたり、お年玉《としだま》をもらったり、めでたさとうれしさが満《み》ちあふれる。

こんな季語《きご》もあるよ

元旦《がんたん》　新年《しんねん》　年立《とした》つ　新春《しんしゅん》　初春《はつはる》

お正月《しょうがつ》大人《おとな》の財布《さいふ》風《かぜ》に乗《の》る

中三《ちゅうさん》　谷口由樹

## 門松《かどまつ》 新

玄関《げんかん》や門《もん》の前《まえ》に立《た》てる、松《まつ》や竹《たけ》でできたかざり。お正月《しょうがつ》の神《かみ》さまがやってくるときの目《め》印《じるし》として立《た》てる。地域《ちいき》によって、使《つか》う木《き》や形《かたち》がちがう。

門松《かどまつ》のとなりにならぶ雪《ゆき》だるま

小五《しょうご》　朝日みらい

## しめかざり 新

正月《しょうがつ》の神《かみ》さまをむかえる神聖《しんせい》な場所《ばしょ》を示《しめ》し、悪《わる》いものが入《はい》れないようにする縄《なわ》。「かざり縄《なわ》」ともよぶ。

こんな季語《きご》もあるよ　かざり縄《なわ》

弟《おとうと》と教《おし》えて歩《ある》くしめ飾《かざ》り

中三《ちゅうさん》　高橋里沙

## 獅子舞《ししまい》 新

獅子《しし》の頭《あたま》をかぶり、悪霊《あくりょう》ばらいや豊作《ほうさく》を願《ねが》って舞《ま》う古《ふる》くからの芸能《げいのう》のひとつ。獅子《しし》に頭《あたま》をかまれると、一年《いちねん》を無事《ぶじ》にすごせるといわれている。

ししまいがおどれば福《ふく》がおとずれる

小三《しょうさん》　河童川太郎

## 福寿草《ふくじゅそう》 新

別名《べつめい》を「元日草《がんじつそう》」ともいい、新年《しんねん》を祝《いわ》う花《はな》として江戸時代《えどじだい》からかざられてきた。黄金色《こがねいろ》の花《はな》は太陽《たいよう》のようでまわりをぱっと明《あか》るくする。

昨日《きのう》より色鮮《いろあざ》やかな福寿草《ふくじゅそう》

小五《しょうご》　平野豊朗

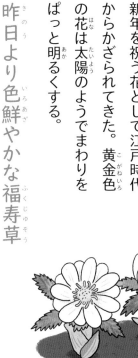

## 初《はつ》日《ひ》の出《で》

新

一月一日《いちがつついたち》の朝日《あさひ》のこと。太陽《たいよう》を神《かみ》さまと考《かんが》え、初日《はつひ》の出《で》をおがみ、その年《とし》の幸《しあわ》せを願《ねが》う風習《ふうしゅう》がある。

こんな季《き》語《ご》もあるよ　初日《はつひ》

初日《はつひ》の出《で》次《つぎ》の自分《じぶん》にバトンタッチ
中二《ちゅうに》　竹中賢哉

## 初《はつ》夢《ゆめ》

新

元日《がんじつ》の夜《よる》、または一月二日《いちがつふつか》の夜《よる》に見《み》る夢《ゆめ》のこと。富士山《ふじさん》、鷹《たか》、なすが出《で》てくる初夢《はつゆめ》は縁《えん》起《ぎ》がよいとされる。

こんな季《き》語《ご》もあるよ　夢祝《ゆめいわい》　夢始《ゆめはじめ》

初夢《はつゆめ》に古郷《ふるさと》を見《み》て涙《なみだ》かな
小林一茶《こばやしいっさ》

## 初《はつ》詣《もうで》

新

新年《しんねん》に初《はじ》めて神社《じんじゃ》や寺《てら》にお参《まい》りすること。その年《とし》を健康《けんこう》で幸《しあわ》せにすごせるようにと神《かみ》さまにお願《ねが》いする。新年《しんねん》に初《はじ》めてひくおみくじ「初《はつ》みくじ」も新年《しんねん》の季《き》語《ご》。

こんな季《き》語《ご》もあるよ　初《はつ》みくじ　初《はつ》はらい

初詣願《はつもうでねが》いの後《あと》のリンゴあめ
小六《しょうろく》　宮腰雄大

## 書初《かきぞ》め

新

新年《しんねん》に初《はじ》めて筆《ふで》で字《じ》を書《か》くこと。多《おお》くは一月二日《いちがつふつか》におこなう。書《か》いた作品《さくひん》は一月十五日《いちがつじゅうごにち》のどんど焼《や》きなどと呼《よ》ばれる火祭《ひまつ》り行事《ぎょうじ》「左義長《さぎちょう》」で燃《も》やし、炎《ほのお》が高《たか》くなると字《じ》が上達《じょうたつ》するといわれている。

書《か》きぞめははねとはらいで美《うつく》しく

小五《しょうご》　菜柚

## お年玉《としだま》

新

お正月《しょうがつ》に子《こ》どもへおくられるものやお金《かね》のこと。もともとは、お正月《しょうがつ》の神《かみ》さまにおそなえしたおもちやお神酒《みき》を、家長《かちょう》が分《わ》け与《あた》えたことが始《はじ》まりとされる。

お年玉《としだま》くつの数《かず》だけたまってる

小五《しょうご》　杉渕光

## 年賀状《ねんがじょう》

新

新年《しんねん》のあいさつを書《か》いて送《おく》るはがきや手紙《てがみ》のこと。いつも会《あ》う友《とも》だちでも、あらたまってあいさつをすると新鮮《しんせん》に感《かん》じられる。

こんな季語《きご》もあるよ

賀状《がじょう》　初便《はつだよ》り

年賀状《ねんがじょう》たくましい字《じ》に母笑《ははわら》う

小五《しょうご》　ゆっきー

## 寝正月《ねしょうがつ》

新

お正月《しょうがつ》の間《あいだ》、どこへも出《で》かけず、のんびりとすごすこと。たっぷり休《やす》んで、新《あたら》しい一年《いちねん》をがんばる力《ちから》をつける。

老猫《ろうびょう》の白髪《しらが》愛《いと》おし寝正月《ねしょうがつ》

中二《ちゅうに》　るり

## かるた

新

読《よ》まれた札《ふだ》にあう絵札《えふだ》や文字札《もじふだ》を取《と》るカード遊《あそ》び。「百人一首《ひゃくにんいっしゅ》」「いろはかるた」が有名《ゆうめい》。日本古来《にほんこらい》のかるたは、平安時代後期《へいあんじだいこうき》に貴族《きぞく》の間《あいだ》で流行《りゅうこう》した貝合《かいあ》わせという遊《あそ》びが始《はじ》まりといわれる。それが、十六《じゅうろく》世紀後半《せいきこうはん》にポルトガルから伝《つた》わってきた南蛮《なんばん》かるたと結《むす》びついた。

かるたとり勝利《しょうり》のしるし手《て》の赤《あか》さ

小五《しょうご》　てるぼー

## すごろく

新

さいころをふり、出《で》た目《め》の数《かず》だけ進《すす》む遊《あそ》び。絵《え》すごろくともいう。最初《さいしょ》にあがり（ゴール）についた人《ひと》が勝《か》ち。盤《ばん》すごろくという、将棋《しょうぎ》のようなゲームもあり、古《ふる》くはすごろくといえば盤《ばん》すごろくだった。

賽《さい》の目《め》の仮《かり》の運命《さだめ》よ絵双六《えすごろく》

高浜虚子《たかはまきょし》

## こま

新

手《て》で回《まわ》したり、ひもで回《まわ》したりして遊《あそ》ぶおもちゃ。回《まわ》り続《つづ》ける姿《すがた》が「物《もの》ごとがうまく回《まわ》る」に通《つう》じ、縁起《えんぎ》がいいとお正月《しょうがつ》の遊《あそ》びとして定着《ていちゃく》した。

弟《おとうと》と真似《まね》しておどるこまの舞《まい》

小五《しょうご》　りん

## 福引《ふくびき》

新

くじを引《ひ》いて景品《けいひん》を当《あ》てる。古《ふる》くは正月遊《しょうがつあそ》びのひとつで、ふたりでひとつのもちを引《ひ》きあい、取《と》ったもちの大《おお》きさでその年《とし》の運《うん》をうらなった。

福引《ふくびき》で一年色《いちねんいろ》どる大当《おおあ》たり

小五《しょうご》　はごいた丸

## 鏡《かがみ》もち

新

もちをふたつ重《かさ》ねたお正月《しょうがつ》の神《かみ》さまへのお供《そな》えもの。神《かみ》さまが宿《やど》るとされた丸《まる》い鏡《かがみ》に似《に》せている。一月十一日《いちがつじゅういちにち》の「鏡《かがみ》開《びら》きの日《ひ》」にたたいて割《わ》り、雑煮《ぞうに》やぜんざいにして食《た》べる。

かがみもちみかんのぼうしかぶってる

小五《しょうご》　金竹沙耶花

## おせち

新

ごうかなおせち料理《りょうり》は、もともと、お正月《しょうがつ》の神《かみ》さまへのお供《そな》えだった。えびは「こしが曲《ま》がるまで健康《けんこう》に」など、どの食《た》べものにも縁起《えんぎ》をかついだ意味《いみ》がこめられている。

おせち箱三回寝《ばこさんかいね》れば開《あ》けられる

小五《しょうご》　だん

## 雑煮《ぞうに》

新

もちをしるに入《い》れて食《た》べるお正月料理《しょうがつりょうり》。お正月《しょうがつ》の神《かみ》さまへのお供《そな》えを煮《に》たのが始《はじ》まりだといわれている。もちの形《かたち》や味《あじ》つけ、入《い》れる具材《ぐざい》は地域《ちいき》や家庭《かてい》によってさまざま。

お雑煮《ぞうに》や窓《まど》の外《そと》には丸《まる》いネコ

小三《しょうさん》　みり

# 七草粥《ななくさがゆ》

新

縁起《えんぎ》がよく薬効《やっこう》もある春《はる》の七草《ななくさ》を入《い》れたおかゆ。「すずしろ」「すずな」「ごぎょう」「なずな」「ほとけのざ」「せり」「はこべら」を入《い》れる。食《た》べれば、病気《びょうき》をしないという言《い》い伝《つた》えがある。一月七日《いちがつなのか》の朝《あさ》に正月《しょうがつ》にごちそうを食《た》べてつかれたおなかをいたわる生活《せいかつ》の知恵《ちえ》もふくまれている。

こんな季《き》語《ご》もあるよ

すずしろ　すずな　ごぎょう　なずな　ほとけのざ

正座《せいざ》して家族《かぞく》で食《た》べる七草粥《ななくさがゆ》

小五《しょうご》　太志

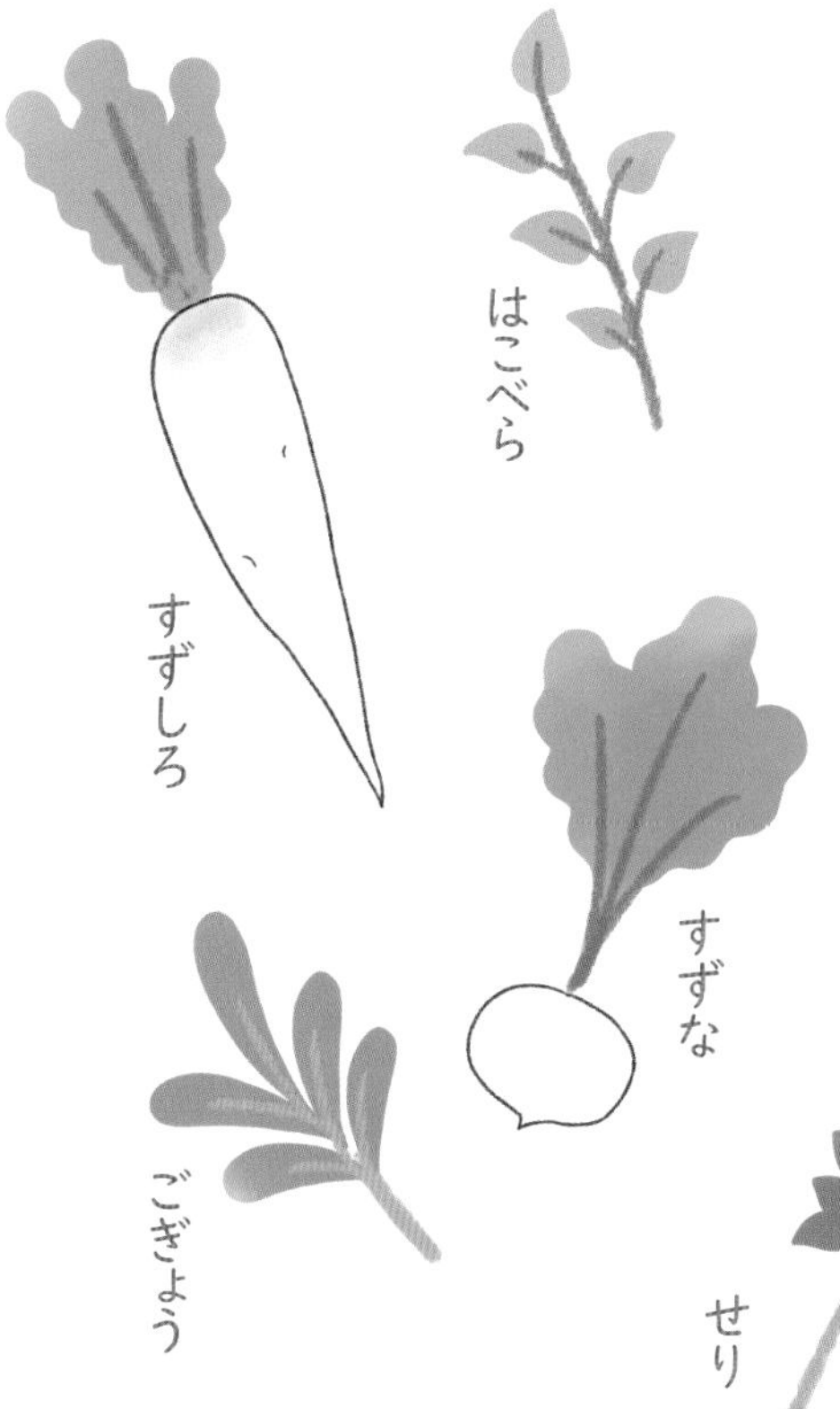
はこべら
すずしろ
すずな
ごぎょう

せり
なずな
ほとけのざ

575
七草《ななくさ》のうち
「せり」と
「はこべら」の
ふたつは
春《はる》の季語《きご》だよ

# みんなの俳句

よく聞《き》いてじっと見《み》つめるかるたとり

中二《ちゅうに》 小林ゆり

お年玉《としだま》子供《こども》の笑顔《えがお》に恩返《おんがえ》し

小六《しょうろく》 宇津木翔

寝《ね》過《す》ごしてかみハネたままはつもうで

小五《しょうご》 ゆっきー

こまたちはくるくる回《まわ》るバレリーナ

小五《しょうご》 朝日みらい

年賀状《ねんがじょう》ポストの中《なか》からあふれだす

小五《しょうご》 はごいた丸

# 夏《なつ》井《い》いつきの俳《はい》句《く》教《きょう》室《しつ》①

## 北風《きたかぜ》がふくと食《た》べたいグラタンだ。

小二《しょうに》　そうにちろう

### ここがすてき!

確《たし》かに、北風《きたかぜ》が吹《ふ》くとあったかい食《た》べ物《もの》がほしくなりますよね。この句《く》は、「グラタン」と具体的《ぐたいてき》に書《か》いたのがよいですね。あたたかい部屋《へや》の中《なか》で食《た》べる熱々《あつあつ》のグラタンの登場《とうじょう》によって、外《そと》で感《かん》じている北風《きたかぜ》の冷《つめ》たさがより際立《きわだ》ちました。

俳句《はいく》は、特別《とくべつ》な意図《いと》がない限《かぎ》りは、句《く》読点《とうてん》(。や、)はいりません。五七五《ごしちご》の間《あいだ》は空《あ》けずに一行《いちぎょう》で、句読点《くとうてん》を入《い》れずに書《か》きましょう。

### もっとよくするには…

「北風《きたかぜ》」とあれば、ふつうは「ふく」は不要《ふよう》ですが、あえて「ふく」を使《つか》って楽《たの》しい調《しら》べをつくることもできます。

「北風《きたかぜ》がふくよグラタン食《た》べたいよ」

こんなふうに、「〜よ〜よ」と同《おな》じ音《おと》をくり返《かえ》すだけで、一句《いっく》にリズムが生《う》まれてきます。

俳句《はいく》は、韻文《いんぶん》といって、調《しら》べに乗《の》せて味《あじ》わう短詩型文学《たんしけいぶんがく》なのです。

### こうしてみよう

北風《きたかぜ》がふくよグラタン食《た》べたいよ

**同《おな》じ音《おと》をくり返《かえ》してみよう**

「〜よ〜よ」で俳句《はいく》に楽《たの》しいリズムができる

# 2章《しょう》

# くらし・たべもの

# 雪《ゆき》遊《あそ》び

晩

雪《ゆき》を使《つか》った遊《あそ》びのこと。冬《ふゆ》の季節《きせつ》だけの特別《とくべつ》な楽《たの》しみ。丸《まる》めた雪《ゆき》の球《たま》を投《な》げあって雪合戦《ゆきがっせん》をしたり、雪《ゆき》だるまをつくったり、寒《さむ》さを忘《わす》れて夢中《むちゅう》になる。雪《ゆき》合戦《がっせん》は、平安時代《へいあんじだい》のころからおこなわれていたといわれている。

**こんな季語《きご》もあるよ**

雪《ゆき》だるま　雪合戦《ゆきがっせん》　雪《ゆき》うさぎ　そり

雪合戦《ゆきがっせん》大人《おとな》げないなお父《とう》さん　小五《しょうご》　愛美

雪《ゆき》だるまつまんないならうちくれば　小五《しょうご》　宗像美香

## スキー

三

くつに細長《ほそなが》い板《いた》を取《と》り付《つ》けて、雪《ゆき》の上《うえ》をすべること。移動手段《いどうしゅだん》として使《つか》われたり、遊《あそ》びとして楽《たの》しんだりする。すべる速《はや》さや技《わざ》を競《きそ》うスポーツもある。

初《はつ》スキー転《ころ》んだあとのラーメンや

小六《しょうろく》　ゆき

## スケート

三

金属《きんぞく》の刃《は》がついたくつをはき、氷《こおり》の上《うえ》をすべること。冬季《とうき》オリンピックでは、スピードスケートやフィギュアスケートが人気種目《にんきしゅもく》になっている。

アイススケートパパのてにぎってつるつるつるつる

小一《しょういち》　高橋幸也

## 竹馬《たけうま》

三

二本《にほん》の竹《たけ》の棒《ぼう》に、それぞれ足《あし》かけをつけて乗《の》り、ぽくぽく歩《ある》いて遊《あそ》ぶ。地域《ちいき》によっては川《かわ》をわたったり、雪《ゆき》が降《ふ》ったときに使《つか》ったりしていた。

竹馬《たけうま》の影近《かげちか》づきし障子《しょうじ》かな

松本《まつもと》たかし

## なわとび

三

古《ふる》くは冬《ふゆ》の遊《あそ》びだった。明治《めいじ》時代《じだい》にドイツから運動《うんどう》としてのなわとびが伝《つた》わり、体育《たいいく》の授業《じゅぎょう》にも取《と》り入《い》れられるようになったといわれている。

さむい日《ひ》になわとびはやくあつくなる

小一《しょういち》　あかねわんこ

# こたつ

三

電気《でんき》ヒーターのついたテーブルにふとんをかけた、日本特有《にほんとくゆう》の暖房器具《だんぼうきぐ》。室町時代《むろまちじだい》にはすでに使《つか》われていて、電気《でんき》のかわりに炭《すみ》を使《つか》っていた。

**こんな季語《きご》もあるよ**

掘《ほり》ごたつ　置《おき》ごたつ　こたつ開《ひら》く

たいくつだこたつに入《はい》ってねこのまね

小六《しょうろく》　沓掛祥和

# ストーブ

三

石油《せきゆ》やガスなどを燃料《ねんりょう》として、火《ひ》を使《つか》い部屋《へや》をあたためる道具《どうぐ》。寒《さむ》い朝《あさ》、ストーブの前《まえ》に座《すわ》るとなかなかその場《ば》から離《はな》れられない。

**こんな季語《きご》もあるよ**

暖房《だんぼう》　床暖房《ゆかだんぼう》　暖炉《だんろ》

ストーブが離《はな》れないでと言《い》ってるの

中二《ちゅうに》　さやかおる

# ゆたんぽ

三

表面《ひょうめん》が波形《なみがた》になった容器《ようき》にお湯《ゆ》を入《い》れて布団《ふとん》の中《なか》や足《あし》をあたためる道具《どうぐ》。布《ぬの》につつんで使《つか》う。じんわりとしたあたたかさが心地《ここち》よい。

ゆたんぽのような愛犬《あいけん》だいてねる

小四《しょうよん》　いるか

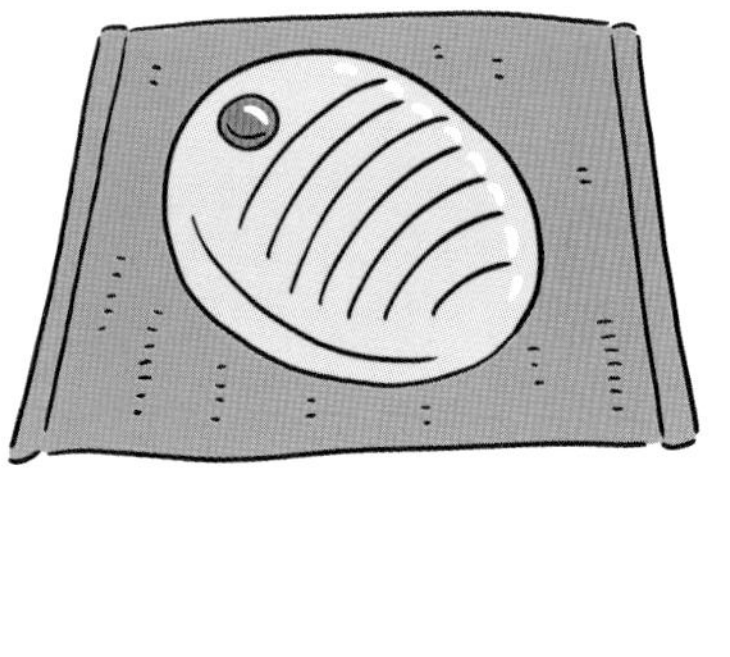

## 日向《ひなた》ぼっこ

三

寒《さむ》い日《ひ》、日当《ひあ》たりのいい部屋《へや》などで日光《にっこう》をあびてあたたまること。陽《ひ》だまりでぬくぬくとすごす気持《きも》ちよさは、冬《ふゆ》ならではのしあわせである。

ぼくのいえひざしたっぷりひなたぼっこ

小二《しょうに》　中村煌叶

## 焚《た》き火《び》

三

枯《か》れ枝《えだ》や落《お》ち葉《ば》などを集《あつ》めて地面《じめん》で燃《も》やすこと。焚《た》き火《び》にあたると体《からだ》がほかほかあたたまる。さつまいもや栗《くり》を入《い》れて焼《や》き、熱々《あつあつ》を食《た》べるのも楽《たの》しみのひとつ。

赤白《あかしろ》の花《はな》びら落《お》ちてたき火《び》かな

小六《しょうろく》　友笑

## 柚子湯《ゆずゆ》

仲

柚子《ゆず》というくだものを入《い》れた、香《かお》りのいいおふろ。江戸時代《えどじだい》からおこなわれた風習《ふうしゅう》で、冬至《とうじ》（↓56ページ）の日《ひ》に入《はい》ると、風邪《かぜ》を引《ひ》かないといわれている。

ゆずの湯《ゆ》だぽかぽかぽかぽかあったかい

小四《しょうよん》　つめたろう

## 布団《ふとん》

三

一年中《いちねんじゅう》使《つか》うが、寒《さむ》さを防《ふせ》ぐ意味《いみ》が強《つよ》いので冬《ふゆ》の季語《きご》になっている。晴《は》れた日《ひ》に干《ほ》した布団《ふとん》はふっくらとあたたかく、お日《ひ》さまのにおいがする。

引張《ひっぱ》りてふとんぞ寒《さむ》き笑ひ声《わら（い）ごえ》

広瀬惟然《ひろせいぜん》

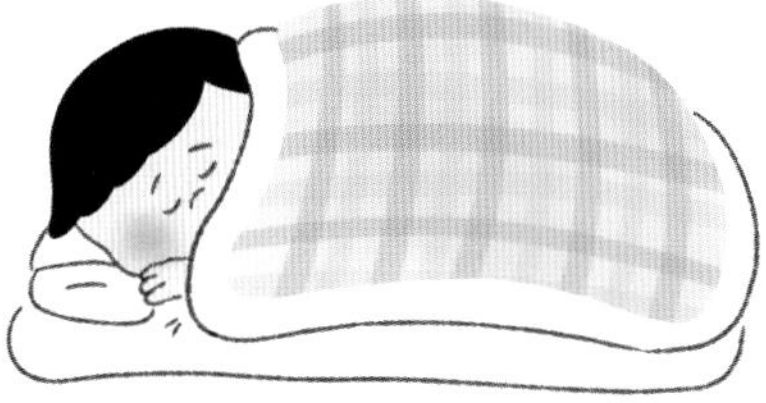

## セーター

三

毛糸《けいと》で編《あ》んだ上半身《じょうはんしん》に着《き》る服《ふく》。頭《あたま》からかぶる形《かたち》とカーディガンのように前開《まえあ》きの形《かたち》があるが、日本《にほん》では頭《あたま》からかぶるものをセーターとよぶ。

こんな季語《きご》もあるよ

冬服《ふゆふく》　コート

セーターをおそろいできてあつあつだ

小二《しょうに》　えみ

## マフラー

三

布《ぬの》や毛糸《けいと》などでつくられ、「えりまき」ともよぶ。日本《にほん》では、古《ふる》くから防寒《ぼうかん》のために絹《きぬ》などうすい布《ぬの》を首《くび》に巻《ま》いていた。

こんな季語《きご》もあるよ

えりまき

マフラーで一《ひと》つにつなぐ妹《いもうと》と

中二《ちゅうに》　加藤恒子

## 手《て》ぶくろ

三

手《て》や指《ゆび》を寒《さむ》さから守《まも》るためのもの。布《ぬの》や皮《かわ》、毛糸《けいと》などでつくられる。旧石器時代《きゅうせっきじだい》から、防寒《ぼうかん》のために袋状《ふくろじょう》のものが使《つか》われていたという説《せつ》がある。

さむくてもてぶくろしたらうたうたう

小一《しょういち》　さいころひめ

## 着《き》ぶくれ

三

寒《さむ》さを防《ふせ》ぐために服《ふく》を着《き》すぎて、体《からだ》がふくらんで見《み》えること。あたたかいけれど、すばやく動《うご》くことができない。

こんな季語《きご》もあるよ

重《かさ》ね着《ぎ》　厚着《あつぎ》

着《き》ぶくれてキックオフ待《ま》つ午前《ごぜん》四時《よじ》

小六《しょうろく》　てっちゃん

## 雪《ゆき》かき

晩

積《つ》もった雪《ゆき》をシャベルなどでかきよけること。雪《ゆき》は意外《いがい》と重《おも》く、毎日《まいにち》雪《ゆき》かきに追《お》われる雪国《ゆきぐに》の人《ひと》にとっては重労働《じゅうろうどう》。屋根《やね》の雪《ゆき》をおろすことは「雪《ゆき》おろし」といい、これも冬《ふゆ》の季語《きご》。

**こんな季語《きご》もあるよ**

雪《ゆき》おろし

妹《いもうと》と雪《ゆき》かき終《お》えてココア飲《の》む

小五《しょうご》　りつ

## 風邪《かぜ》

三

ウイルスなどによって、くしゃみや鼻水《はなみず》、発熱《はつねつ》などを引《ひ》き起《お》こすこと。気温《きおん》が低《ひく》く、空気《くうき》が乾《かわ》く冬《ふゆ》は風《か》邪《ぜ》を引《ひ》きやすい季節《きせつ》。風邪《かぜ》を引《ひ》いたら、無理《むり》をせずたっぷり休《やす》んで、元気《げんき》をつける。

**こんな季語《きご》もあるよ**

せき　くしゃみ　鼻水《はなみず》　マスク

風邪《かぜ》ひいたゆっくり休《やす》んでね母《はは》の声《こえ》

小六《しょうろく》　ライト

## 古日記《ふるにっき》

仲

年末《ねんまつ》になって残《のこ》りのページが少《すく》なくなった日記帳《にっきちょう》のこと。使《つか》い終《お》わった日記帳《にっきちょう》にはしみじみとした愛着《あいちゃく》を感《かん》じられる。

こんな季語《きご》もあるよ　日記果《にっきは》つ

一年《いちねん》を生《い》きた喜《よろこ》び日記果《にっきは》つ
中一《ちゅういち》　じゅん

## 冬《ふゆ》ごもり

三

冬《ふゆ》の間《あいだ》、家《いえ》にこもってすごすこと。こたつに入《はい》って本《ほん》を読《よ》んだり、春《はる》に向《む》けて畑仕事《はたけしごと》の用意《ようい》をしたりしながらすごす。長《なが》い雪《ゆき》がつづくと、家《いえ》の中《なか》にいる日《ひ》がふえることもある。

図書館《としょかん》の本《ほん》を積《つ》み上《あ》げ冬《ふゆ》ごもり
小四《しょうよん》　かんな

## ボーナス

仲

給料《きゅうりょう》とは別《べつ》に支払《しはら》われるお金《かね》。夏《なつ》に出《で》ることもあるが、俳句《はいく》では冬《ふゆ》の季語《きご》。昔《むかし》、盆《ぼん》や暮《くれ》に職人《しょくにん》の親方《おやかた》などが衣服代《いふくだい》やこづかいを弟子《でし》に与《あた》えた慣習《かんしゅう》からきたといわれる。

こんな季語《きご》もあるよ　年末賞与《ねんまつしょうよ》

晴《は》れやかな父《ちち》の肩《かた》もむボーナス日《び》
小六《しょうろく》　るい

## 湯冷《ゆざ》め

三

おふろから上《あ》がったあと、体《からだ》が冷《ひ》えて寒《さむ》くなること。冷《つめ》たい空気《くうき》にあたると、一気《いっき》に体《からだ》が冷《ひ》え、風邪《かぜ》の原因《げんいん》になる。

湯冷《ゆざ》めする銭湯《せんとう》みちくさ帰《かえ》り道《みち》
小六《しょうろく》　はたけ

## 大根《だいこん》

三

おもに長《なが》い根《ね》の部分《ぶぶん》を食《た》べる野菜《やさい》。一年中《いちねんじゅう》食《た》べられるが、冬《ふゆ》に収穫量《しゅうかくりょう》が一番《いちばん》多《おお》くなる。日本《にほん》には弥生時代《やよいじだい》にユーラシア大陸《たいりく》から伝《つた》わった。「すずしろ」とよんで、春《はる》の七草《ななくさ》（→16ページ）のひとつに数《かぞ》える。

大根《だいこん》よいつもの元気《げんき》をありがたく

小六《しょうろく》　新・中島慎之介

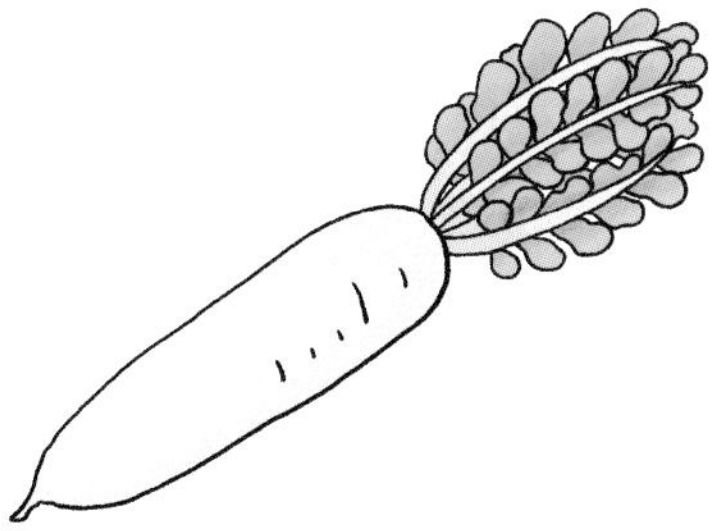

## みかん

三

あまずっぱく、みずみずしい冬《ふゆ》を代表《だいひょう》するくだもの。皮《かわ》をむいてかんたんに食《た》べられる。ビタミンC《シー》などの栄養《えいよう》がたっぷりで、風邪《かぜ》を引《ひ》きやすい冬《ふゆ》にぴったり。

みかん食《た》べ和気《わき》あいあいの家族《かぞく》かな

小六《しょうろく》　春乃ひまり

## まぐろ

三

大《おお》きいものでは三《さん》メートルにもなる魚《さかな》。日本近海《にほんきんかい》でとれるものは、冬《ふゆ》はあぶらがのって、ほかの季節《きせつ》よりおいしくなる。

こんな季語《きご》もあるよ　たら　ぶり

ハレの日《ひ》の赤《あか》いまぐろのめでたさよ

中三《ちゅうさん》　ほたる

## 寄《よ》せ鍋《なべ》

三

味《あじ》をつけた出汁《だし》に野菜《やさい》や魚介《ぎょかい》、肉《にく》などを入《い》れ、煮《に》こみながら食《た》べる鍋料理《なべりょうり》。見《み》た目《め》がごうかで、心《こころ》も体《からだ》もぽかぽかあたたまる。

寄《よ》せ鍋《なべ》に集《つど》う故郷《こきょう》の宝物《たからもの》

中一《ちゅういち》　うみ

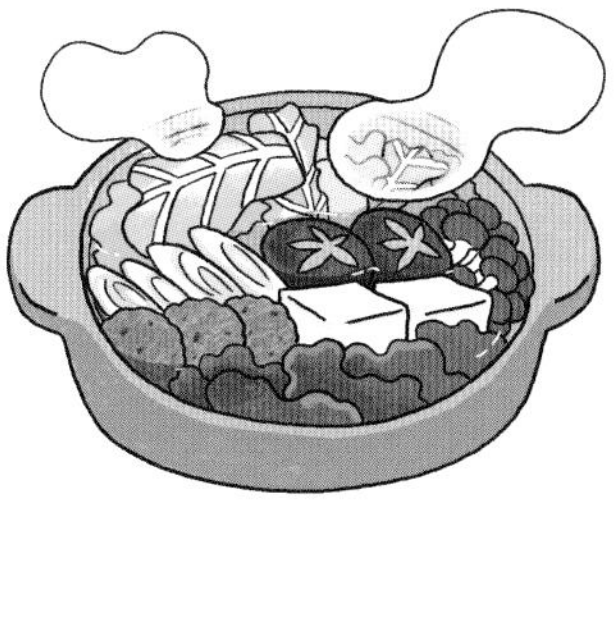

# すき焼《や》き

三

牛肉《ぎゅうにく》や野菜《やさい》などを鉄鍋《てつなべ》で煮《に》た冬《ふゆ》のごちそう。江戸時代《えどじだい》に農《のう》家の人《ひと》が「すき」という農具《のうぐ》の上《うえ》で魚《さかな》やとうふを焼《や》いたことから、この名前《なまえ》になった。

こんな季語《きご》もあるよ　牛鍋《ぎゅうなべ》

すきやきのお肉《にく》をくれる母《はは》の愛《あい》
小五《しょうご》　らら

# おでん

三

大根《だいこん》やちくわ、こんにゃく、卵《たまご》などを煮《に》こんだ料理《りょうり》。地域《ちいき》によって中身《なかみ》が少《すこ》しずつちがう。もともとは、焼《や》きどうふにみそをぬった料理《りょうり》だった。

硝子戸《がらすど》におでんの湯気《ゆげ》の消《き》えてゆく
高浜虚子《たかはまきょし》

# 焼《や》きいも

三

さつまいもを焼《や》いたもの。焼《や》いた小石《こいし》の中《なか》で蒸《む》したり、ストーブの上《うえ》に置《お》いたり、電子《でんし》レンジやオーブンを使《つか》ったりしてつくる。ほっくりと割《わ》ったときの黄金色《こがねいろ》が食欲《しょくよく》をそそる。

勉強中外《べんきょうちゅうそと》から聞《き》こえる焼《や》き芋《いも》の声《こえ》
小六《しょうろく》　steph curry3世

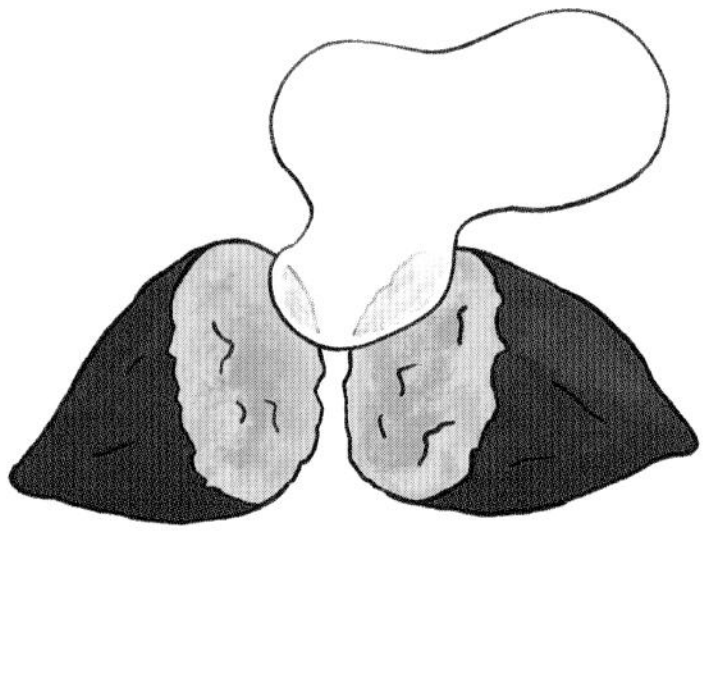

# たい焼《や》き

三

鯛《たい》の形《かたち》をした生地《きじ》の中《なか》に小豆《あずき》のあんこがつつまれているお菓子《かし》。最近《さいきん》はクリームやチョコレート、さつまいもあんなどいろいろな種類《しゅるい》がある。

たいやきを二《ふた》つぶらさげ友《とも》の家《いえ》
小五《しょうご》　みなみ

# みんなの俳句

朝早《あさはや》く宝《たから》さがしの霜柱《しもばしら》
小四《しょうよん》　平霜

寒《さむ》い朝《あさ》体《からだ》を寄《よ》せて歩《ある》く道《みち》
中二《ちゅうに》　坂口謙介

登下校《とうげこう》かじかむ指《ゆび》よもう少《すこ》し
小五《しょうご》　空岸雲之介

あと少《すこ》し寒《さむ》さに耐《た》えるヒザ小僧《こぞう》
中二《ちゅうに》　中村歩

校庭《こうてい》のすみに彩《いろど》り寒《かん》つばき
小六《しょうろく》　森魚

# 夏井《なつい》いつきの俳句教室《はいくきょうしつ》②

## 星《ほし》きれいぽつんぽつんと雪《ゆき》がふる

小二《しょうに》　れいか（きれいな花）

### ここがすてき！

「雪《ゆき》」の降《ふ》る夜《よる》の星《ほし》、ということは季節《きせつ》は冬《ふゆ》ですね。北斗七星《ほくとしちせい》やオリオン座《ざ》などで知《し》られる冬《ふゆ》の星《ほし》は、冴《さ》え冴《ざ》えとしていて、星座《せいざ》の形《かたち》をくっきりと見《み》ることができます。

そんな星《ほし》がきれいな夜《よる》に、雪《ゆき》が降《ふ》り始《はじ》めたのですね。中七《なかしち》の「ぽつんぽつん」のオノマトペが、星《ほし》の様子《ようす》でありながら、雪《ゆき》の降《ふ》る様子《ようす》にもなっているのが、とてもよいですね。

### もっとよくするには…

俳句《はいく》は声《こえ》に出《だ》して読《よ》んで、調《しら》べやリズムを楽《たの》しむ韻文《いんぶん》です。この句《く》も、リフレイン（同《おな》じ音《おと》や言葉《ことば》をくり返《かえ》すこと）の技《わざ》を使《つか》ってみましょう。

「星《ほし》きれいぽつんぽつんと雪《ゆき》きれい」こうすると、上五《かみご》と下五《しもご》にできた「きれい」のくり返《かえ》しが、さらなる調《しら》べを作《つく》ってくれます。

### こうしてみよう

星《ほし》きれいぽつんぽつんと雪《ゆき》きれい

リフレインでリズムを楽《たの》しんでみよう

リフレイン
→同《おな》じ音《おと》や言葉《ことば》をくり返《かえ》す技《わざ》

# 3章《しょう》

# 生《い》きもの

## 帰《かえ》り花《ばな》

初

小春日和《こはるびより》（↓42ページ）のあたたかさにさそわれて、冬《ふゆ》にまちがえて花《はな》が咲《さ》くこと。けなげに咲《さ》く姿《すがた》は寒《さむ》そうで、かわいそうにも思《おも》える。

登下校友《とうげこうとも》と見上《みあ》げた帰《かえ》り花《ばな》

小六《しょうろく》　T・M

## 落《お》ち葉《ば》

三

秋《あき》に紅葉《こうよう》した木々《きぎ》は冬《ふゆ》になると葉《は》を落《お》とす。これには、木《き》が寒《さむ》さや乾燥《かんそう》をしのぐためや、新《あたら》しい葉《は》と古《ふる》い葉《は》を入《い》れかえるなどの役割《やくわり》がある。

こんな季語《きご》もあるよ　木《こ》の葉《は》　枯《か》れ葉《は》

ボランティア落《お》ち葉《ば》を集《あつ》め手赤《てあか》し

小六《しょうろく》　シュナイザー

## 枯《か》れ野《の》

三

草《くさ》が枯《か》れた野原《のはら》のこと。ひっそりとした雰囲気《ふんいき》が冬《ふゆ》らしい。茶色《ちゃいろ》の景色《けしき》が広《ひろ》がり、がらんとしてさびしいが、草花《くさばな》が春《はる》を静《しず》かに待《ま》つ姿《すがた》でもある。

こんな季語《きご》もあるよ　枯《か》れ木《き》

葉《は》をまとわぬさびしそうな枯《か》れ木《き》かな

小六《しょうろく》　チベットギツネ

## 冬《ふゆ》紅《も》葉《みじ》

初

冬《ふゆ》になって色《いろ》が変《か》わったり、散《ち》らずに残《のこ》ったりしている紅葉《もみじ》のこと。まわりの木《き》が枯《か》れてきた中《なか》、ひときわ鮮《あざ》やかに見《み》える。庭園《ていえん》や寺《てら》などに多《おお》い。

夕映《ゆうば》えに何《なん》の水輪《みずわ》や冬紅葉《ふゆもみじ》

渡辺水巴《わたなべすいは》

## 冬木立《ふゆこだち》

三

葉《は》を落《お》として立《た》ちならぶ木々《きぎ》のこと。枝《えだ》ばかりの風景《ふうけい》でさびしげだが、葉《は》にじゃまされず野鳥《やちょう》を観察《かんさつ》する絶好《ぜっこう》のチャンスでもある。

帰《かえ》り道《みち》夕日《ゆうひ》が照《て》らす冬木立《ふゆこだち》

小六《しょうろく》　久保他沙蘭ーん

## 山茶花《さざんか》

初

冬《ふゆ》の初《はじ》めに赤《あか》や白《しろ》の花《はな》を咲《さ》かせる。花《はな》の少《すく》ない冬《ふゆ》に咲《さ》く姿《すがた》と、花《はな》びらがはらりはらりと散《ち》るやさしい風情《ふぜい》が、古《ふる》くから愛《あい》されてきた。

山茶花《さざんか》の重《かさ》なる葉《は》にはとけた水《みず》

小六《しょうろく》　いっくん

## 柊《ひいらぎ》の花《はな》

初

冬《ふゆ》の初《はじ》めに白《しろ》く香《かお》りのいい小《ちい》さな花《はな》を咲《さ》かせる。ぎざぎざした葉《は》は魔《ま》よけの効果《こうか》があるといわれ、正月《しょうがつ》や節分《せつぶん》（↓7ページ）の飾《かざ》りに使《つか》う。

受験日《じゅけんび》に通《とお》る道《みち》には柊《ひいらぎ》の花《はな》

小六《しょうろく》　ねぎ

## 寒椿《かんつばき》

晩

多《おお》くの椿《つばき》は春《はる》に咲《さ》くが、冬《ふゆ》に咲《さ》く椿《つばき》を「寒椿《かんつばき》」や「冬椿《ふゆつばき》」とよぶ。赤《あか》やピンク、白《しろ》の花《はな》を咲《さ》かせる。「寒《かん》」という漢字《かんじ》がつくと、がんばって咲《さ》いている、りりしい感《かん》じがする。

けつろふく窓《まど》の向《む》こうは冬椿《ふゆつばき》

小五《しょうご》　はちみつレモン

## 早梅《そうばい》

晩

まだ春《はる》にならないうちに咲《さ》き始《はじ》めた、少《すこ》しせっかちな梅《うめ》の花《はな》のこと。春《はる》がすぐ近《ちか》くまで来《き》ていることを教《おし》えてくれ、心《こころ》をうきうきさせてくれる。

校庭《こうてい》に早梅《そうばい》みつけ声《こえ》はずむ

小五《しょうご》　流星

## 水仙《すいせん》

晩

年末《ねんまつ》から春先《はるさき》にかけて白《しろ》や黄《き》色《いろ》のラッパのような形《かたち》の花《はな》を咲《さ》かせる植物《しょくぶつ》。雪《ゆき》にたえて咲《さ》くので雪中花《せっちゅうか》ともよばれる。すがすがしい、いい香《かお》りがする。

水仙《すいせん》や白《しろ》き障子《しょうじ》のとも映《うつ》り

松尾芭蕉《まつおばしょう》

## ポインセチア

三

葉《は》が変形《へんけい》したほう葉《よう》が赤《あか》や白《しろ》に色《いろ》づくメキシコ原産《げんさん》の木《き》。クリスマスの時期《じき》にかざられ、街《まち》を彩《いろど》る。日《に》本名《ほんめい》は「猩々木《しょうじょうぼく》」といい、酒《さけ》によっておどる想像上《そうぞうじょう》の生物《せいぶつ》「猩々《しょうじょう》」の赤《あか》い顔《かお》に見立《みた》てて名前《なまえ》がついた。

かぜをひきポインセチアとおなじほほ

小六《しょうろく》　しまうま

# うさぎ

三

雪国《ゆきぐに》のうさぎは冬《ふゆ》に毛《け》が茶色《ちゃいろ》から白《しろ》に変《か》わり、敵《てき》に見《み》つかりにくくなる。うさぎは、昔《むかし》から人間《にんげん》とのかかわりが深《ふか》く、「かちかち山《やま》」「因幡《いなば》の白《しろ》うさぎ」など、昔話《むかしばなし》や民話《みんわ》にも多《おお》く登場《とうじょう》する。

校庭《こうてい》のうさぎの夫婦《ふうふ》も冬支度《ふゆじたく》

小四《しょうよん》　みりん

# たぬき

三

夜《よる》に活動《かつどう》する、ずんぐりとした体《からだ》の動物《どうぶつ》。雑食《ざっしょく》でなんでも食《た》べる。人《ひと》の姿《すがた》に変身《へんしん》してだますなど、数多《かずおお》くの民話《みんわ》や伝説《でんせつ》がある。

また来《き》てと信楽焼《しがらきやき》のたぬき言《い》う

小五《しょうご》　しおん

# きつね

三

里山《さとやま》にすむ犬《いぬ》の仲間《なかま》で、太《ふと》いしっぽが特徴《とくちょう》。農業《のうぎょう》や商業《しょうぎょう》の神《かみ》である稲荷神《いなりしん》の使《つか》いがきつねであると信仰《しんこう》されていて、全国《ぜんこく》の稲荷神社《いなりじんじゃ》できつねの像《ぞう》がかざられている。

雪《ゆき》の道《みち》親子《おやこ》きつねの足《あし》あとや

小六《しょうろく》　あいり

# てん

三

木登《きのぼ》りが得意《とくい》な、いたちの仲間《なか》。ねずみや鳥《とり》、虫《むし》などをつかまえて食《た》べる。ふさふさした黄金色《こがねいろ》の毛《け》が美《うつく》しい。冬《ふゆ》に頭《あたま》や足先《あしさき》の毛《け》が黒《くろ》から白《しろ》に生《は》えかわる種類《しゅるい》がいる。

てん走《はし》る白《しろ》い景色《けしき》に黄金色《こがねいろ》

小三《しょうさん》　こん

## ムササビ

三

りすの仲間《なかま》で、夜《よる》になると前《ぜん》後《ご》の足《あし》の間《あいだ》にあるまくを広《ひろ》げて木《き》から木《き》へと飛《と》び回《まわ》って葉《は》や木《き》の実《み》を食《た》べる。冬《ふゆ》は恋《こい》の季節《きせつ》で、メスをめぐってオスたちはケンカにあけくれる。

森林《しんりん》でかっ空《くう》しているムササビや

小六《しょうろく》　冬もへっちゃら君

## 熊《くま》

三

体《からだ》が大《おお》きい、雑食《ざっしょく》の動物《どうぶつ》。冬《ふゆ》になると冬眠《とうみん》し、その時期《じき》に猟師《りょうし》は熊《くま》狩《が》りをする。日本《にほん》で見《み》かけるのはヒグマと、ツキノワグマの2種類《しゅるい》。

くまは今《いま》ぐっすり家《いえ》でゆめごこち

小四《しょうよん》　かざはなふうか

## 冬眠《とうみん》

三

食《た》べものの少《すく》ない冬《ふゆ》の間《あいだ》、動《どう》物《ぶつ》が動《うご》くことも食《た》べることもやめ、眠《ねむ》ったようにすごすこと。生《い》きものたちは、秋《あき》に栄《えい》養《よう》をたっぷりとっておく。

冬眠《とうみん》に動物《どうぶつ》は入《はい》る秘密《ひみつ》基地《きち》

中二《ちゅうに》　額賀敦子

## くじら

三

海《うみ》にすむ、もっとも大《おお》きい哺《ほ》乳類《にゅうるい》。くじらは魚《さかな》とちがい、肺呼吸《はいこきゅう》をするため、水《みず》の中《なか》で息《いき》ができない。くじらの潮《しお》吹《ふ》きは、海面《かいめん》から出《で》て空気《くうき》を吐《は》き出《だ》すときに起《お》きる。

凩《こがらし》に鯨潮《くじらしお》吹《ふ》く平戸《ひらど》かな

夏目漱石《なつめそうせき》

## 冬《ふゆ》の蝶《ちょう》

三

冬《ふゆ》に見《み》られる蝶《ちょう》のこと。寒《さむ》さにたえ、葉《は》の上《うえ》でじっとしている様子《ようす》はけなげで、早《はや》く春《はる》が来《く》るように祈《いの》りたくなってしまう。

冬《ふゆ》のちょうぼくといっしょにかくれんぼ

小二《しょうに》　えいた

## 冬《ふゆ》の鳥《とり》

三

冬《ふゆ》に見《み》かける鳥《とり》のすべてをいう。冬《ふゆ》は木《き》の実《み》や昆虫《こんちゅう》などの食料《しょくりょう》が減《へ》り、庭《にわ》に生《は》えている木《き》の実《み》を食《た》べにくる鳥《とり》も多《おお》い。冬《ふゆ》の間《あいだ》だけ群《む》れで生活《せいかつ》している様子《ようす》を見《み》かけることもある。

庭《にわ》に来《く》る祖父《そふ》の友《とも》だち冬《ふゆ》の鳥《とり》

小四《しょうよん》　たける

## 白鳥《はくちょう》

晩

ユーラシア大陸北部《たいりくほくぶ》から日本《にほん》にわたって冬《ふゆ》をこす、大《おお》きな白《しろ》い水鳥《みずどり》（↓38ページ）。つばさをゆったり広《ひろ》げて羽《は》ばたきをする姿《すがた》も、長《なが》い首《くび》をのばして羽《は》づくろいをする姿《すがた》も、美《うつく》しく気高《けだか》い。

白鳥《はくちょう》もきれいにはばたくバレリーナ

小五《しょうご》　新南らみ

## ふくろう

三

頭《あたま》と目《め》の大《おお》きい、森《もり》に暮《く》らす鳥《とり》。冬《ふゆ》の夜《よる》に聞《き》く鳴《な》き声《ごえ》がわびしく不吉《ふきつ》な感《かん》じがすることから、冬《ふゆ》の季語《きご》になったといわれている。

よるみはるふくろうホーホー涙《なみだ》散《ち》る

小五《しょうご》　牛肉ウナ太郎

## 鴨《かも》

三

冬《ふゆ》に北国《きたぐに》から日本《にほん》へわたってくる水鳥《みずどり》。オスは頭《あたま》と首《くび》がみどりの羽《はね》につつまれて美《うつく》しい。味《あじ》が良《よ》いため、古《ふる》くから食用《しょくよう》にされている。

池《いけ》近《ちか》く声《こえ》をあわせて
鴨《かも》がなく

小三《しょうさん》　ぬくはいく

## 水鳥《みずどり》

三

水《みず》の上《うえ》で暮《く》らす鳥《とり》たちのこと。冬《ふゆ》にはいろいろな種類《しゅるい》の水鳥《みずどり》が見《み》られるので、冬《ふゆ》の季語《きご》になっている。水《みず》に浮《う》いたまま眠《ねむ》るすがたは、浮寝鳥《うきねどり》という。

**こんな季《き》語《ご》もあるよ**　浮寝鳥《うきねどり》

水鳥《みずどり》のおもたく見《み》えて浮《う》きにけり

上島鬼貫《うえじまおにつら》

## 鷹《たか》

三

羽《はね》を広《ひろ》げると一《いち》メートル以上《いじょう》になる、山《やま》や森《もり》にすむ鳥《とり》。するどいくちばしとつめを持《も》ち、小《ちい》さな生《い》きものをつかまえて食《た》べる。飼《か》いならした鷹《たか》で狩《か》りをする「鷹狩《たかがり》」は古墳時代《こふんじだい》からおこなわれている。

夢《ゆめ》よりも現《うつつ》の鷹《たか》ぞ頼《たの》もしき

松尾芭蕉《まつおばしょう》

## 鷲《わし》

三

体《からだ》が大《おお》きい鷹《たか》を「鷲《わし》」とよぶ。羽《はね》を広《ひろ》げると二《に》メートルを超《こ》す種類《しゅるい》もいて、ゆうゆうと空《そら》を飛《と》ぶ姿《すがた》は鳥《とり》の王者《おうじゃ》の風格《ふうかく》。尾羽《おばね》は弓道《きゅうどう》で使《つか》う矢《や》の羽《はね》や茶《ちゃ》の湯《ゆ》の羽《は》根《ね》ぼうきに使《つか》われる。

鷲《わし》の巣《す》の樟《くす》の枯《かれ》枝《え》に日《ひ》は入《い》りぬ

野沢凡兆《のざわぼんちょう》

# みんなの俳句

あと三日《みっか》熊穴《くまあな》に入《い》る姉《あね》と僕《ぼく》

小六《しょうろく》　いっくん

皮《かわ》がむけはずかしそうなみかんかな

小六《しょうろく》　チベットギツネ

おとまり会《かい》まどから入《はい》るすきまかぜ

小四《しょうよん》　冬永

ストーブの前《まえ》は家族《かぞく》の陣地《じんち》とり

中二《ちゅうに》　月岡陽子

コタツネコ父《ちち》といっしょのいびきかな

小六《しょうろく》　あかまる

# 夏井《なつい》いつきの 俳句教室《はいくきょうしつ》 ③

## 白色《しろいろ》のさびしさに咲《さ》く冬薔薇《ふゆばら》

小六《しょうろく》　茶々丸

### ここがすてき！

「薔薇《ばら》」といえば、夏《なつ》の季語《きご》ですが、この句《く》は、美《うつく》しく香《かお》り高《たか》い夏《なつ》の薔薇《ばら》ではなく、「冬薔薇《ふゆばら》」の白《しろ》に「さびしさ」を感《かん》じ取《と》った大人《おとな》っぽい作品《さくひん》です。

「冬薔薇《ふゆばら》」と書《か》けば、咲《さ》いていることは分《わ》かるので、普通《ふつう》ならば「咲《さ》く」の一語《いちご》は不要《ふよう》なところです。しかし、この句《く》の場合《ばあい》は、あえて「咲《さ》く」と書《か》くことで、より「さびしさ」が伝《つた》わる句《く》となっています。

### もっとよくするには…

あえて「咲《さ》く」を入《い》れたいときも、リフレインの技《わざ》は有効《ゆうこう》です。

「冬薔薇咲《ふゆそうびさ》く寂《さび》しさの白《しろ》く咲《さ》く」

「冬薔薇《ふゆばら》」の「薔薇《ばら》」は「ばら」と読《よ》めば二音《におん》ですが、「そうび」と三音《さんおん》にも読《よ》める季語《きご》です。「冬薔薇《ふゆそうび》」でちょうど五音《ごおん》。冬薔薇《ふゆばら》は咲《さ》いているよ、寂《さび》しさもまた白《しろ》く咲《さ》いているよ、という意味《いみ》になります。

### こうしてみよう

冬薔薇《ふゆそうび》咲《さ》く寂《さび》しさの白《しろ》く咲《さ》く

**リフレインを効果的《こうかてき》に使《つか》おう**

**強調《きょうちょう》したい言葉《ことば》をあえてくり返《かえ》す**

# 4章《しょう》

# おてんき

## 小春《こはる》

初

現在《げんざい》の十一月《じゅういちがつ》ごろのことをさす。冬《ふゆ》が近《ちか》づいてきているが、まだ春《はる》のようにすごしやすい日《ひ》が多《おお》いので「小春《こはる》」という。

**こんな季語《きご》もあるよ**

小春日和《こはるびより》　小春日《こはるび》

玉《たま》の如《ごと》き小春日和《こはるびより》を授《さず》かりし

松本《まつもと》たかし

## 冬《ふゆ》めく

初

さまざまなところで冬《ふゆ》の気配《けはい》を感《かん》じること。葉《は》が落《お》ちたさみしい姿《すがた》を見《み》たときや、空気《くうき》の冷《つめ》たさを感《かん》じたときなど、季節《きせつ》の移《うつ》り変《か》わりを実感《じっかん》する。

口《くち》に袖《そで》あててゆく人《ひと》冬《ふゆ》めける

高浜虚子《たかはまきょし》

## 冴《さ》ゆ

三

「冴《さ》え」とは澄《す》みわたることを表《あらわ》し、きびしい寒《さむ》さの中《なか》、あらゆるものがすき通《とお》るように冷《つめ》たく感《かん》じられること。

**こんな季語《きご》もあるよ**

冴《さ》ゆる夜《よ》　冴《さ》える星《ほし》　冴《さ》ゆる風《かぜ》　声冴《こえさ》ゆる　影冴《かげさ》ゆ

風《かぜ》さえて今朝《けさ》よりも又山近《またやまちか》し

加藤暁台《かとうきょうたい》

## 寒《さむ》し

三

気温《きおん》が低《ひく》く、寒《さむ》さを感《かん》じること。また、気持《きも》ちのうえで、さみしいことや心細《こころぼそ》いことなどを表《あらわ》し、そのような風景《ふうけい》にも使《つか》われる言葉《ことば》。

**こんな季語《きご》もあるよ**

寒《さむ》さ　寒気《かんき》

マッチ箱童話《ばこどうわ》を思《おも》う寒《さむ》い夜《よる》

中二《ちゅうに》　臼井藍

## 冬日和《ふゆびより》

三

おだやかに晴《は》れた冬《ふゆ》の日《ひ》のこと。とくに雪国《ゆきぐに》では、冬《ふゆ》は雪《ゆき》や吹雪《ふぶき》が続《つづ》くことも多《おお》く、きびしい寒《さむ》さの間《あいだ》の晴《は》れは貴《き》重《ちょう》で、喜《よろこ》ばれる。

こんな季語《きご》もあるよ

冬晴《ふゆば》れ　冬《ふゆ》うらら

外出《そとで》ると白色《しろいろ》が似合《にあ》う冬日和《ふゆびより》

小五《しょうご》　花梨

## かじかむ

晩

冬《ふゆ》にずっと外《そと》にいて、指先《ゆびさき》が冷《つめ》たくなり凍《こお》ってしまったかのようにうまく動《うご》かせなくなる状態《じょうたい》のこと。またこのような感《かん》じのする気《き》持《も》ちを表《あらわ》すこともある。

登下校《とうげこう》かじかむ指《ゆび》よもう少《すこ》し

小五《しょうご》　空岸雲之介

## 三寒四温《さんかんしおん》

晩

だんだん春《はる》が近《ちか》くなってきて、寒《さむ》い日《ひ》が三日《みっか》ほど続《つづ》くと、暖《あたた》かい日《ひ》が四日《よっか》くらい続《つづ》くこと。冬《ふゆ》から春《はる》にむかって、気温《きおん》が少《すこ》しずつ上《あ》がっていく様子《ようす》を表《あらわ》している。

三寒四温《さんかんしおん》ゆゑ(え)人《ひと》の世《よ》の面白《おもしろ》し

大橋越央子《おおはしえつおうし》

## 春待《はるま》つ

晩

冬《ふゆ》ももう終《お》わりに近《ちか》づき、春《はる》を待《ま》ちどおしく思《おも》う気《き》持《も》ちが表《あらわ》れている言葉《ことば》。少《すこ》しずつ冬《ふゆ》のものをかたづけながら、春《はる》に使《つか》うものを用意《ようい》すると、明《あか》るい気分《きぶん》になってくる。

ぴかぴかのランドセル見《み》て春《はる》を待《ま》つ

小六《しょうろく》　風花

## 冬《ふゆ》の空《そら》 三

冬《ふゆ》は空気《くうき》の中《なか》の水分《すいぶん》が少《すく》なくなり、空気《くうき》がすむので、晴《は》れた日《ひ》の空《そら》が抜《ぬ》けるような青《あお》さになる。あつい雲《くも》におおわれた空《そら》は重《おも》たい感《かん》じがし、より一層《いっそう》寒々《さむざむ》と感《かん》じられる。

**こんな季《き》語《ご》もあるよ**

寒天《かんてん》　寒空《さむぞら》　冬天《とうてん》　凍空《いてぞら》　冬空《ふゆぞら》　冬青空《ふゆあおぞら》

冬《ふゆ》の空息《そらいき》をふきかけ時止《ときと》まる

小六《しょうろく》　臥村りな

## 短日《たんじつ》 三

冬《ふゆ》の日《ひ》の短《みじか》いことをいう。冬《ふゆ》は日《ひ》が暮《く》れるのが早《はや》く、明《あか》るい昼《ひる》をなごりおしく思《おも》う。冬《とう》至《じ》（↓56ページ）は一年《いちねん》で一《いち》番太陽《ばんたいよう》が出《で》ている時間《じかん》が短《みじか》い。

**こんな季《き》語《ご》もあるよ**

日短《ひみじか》　日短《ひみじか》し　暮早《くれはや》し　暮《くれ》やすし

短日《たんじつ》の五時《ごじ》のチャイムではなれてく

小五《しょうご》　さふゆ

## 息白《いきしろ》し 三

寒《さむ》い日《ひ》、はいた息《いき》が真《ま》っ白《しろ》に見《み》える様子《ようす》。息《いき》にふくまれる水蒸気《すいじょうき》が周《まわ》りの空気《くうき》で冷《ひ》やされ、小《ちい》さなちりやほこりと結《むす》びつくことで白《しろ》く見《み》える。息《いき》が白《しろ》いと、より寒《さむ》く感《かん》じる。

ボランティアあいさつすると息白《いきしろ》し

小六《しょうろく》　T・M

## 冬《ふゆ》の星《ほし》

三

冬《ふゆ》は空気《くうき》がすんでいるのでほかの季節《きせつ》だとなかなか見《み》られない星《ほし》もくっきり見《み》える。冬《ふゆ》の星座《せいざ》といえば、北《きた》の空《そら》に見《み》える北斗七星《ほくとしちせい》や南《みなみ》の空《そら》に見《み》えるオリオン座《ざ》。どちらも明《あか》るく、よく目立《めだ》つ星《ほし》である。

**こんな季語《きご》もあるよ**

冬銀河《ふゆぎんが》　オリオン　星冴《ほしさ》ゆ　寒《かん》すばる

水《みず》たまりきれいにうつる寒《かん》すばる　小四《しょうよん》　萌芽

オリオンが私《わたし》といっしょにおどってる　小四《しょうよん》　穂乃歌

## 冬《ふゆ》の月《つき》

三

冬《ふゆ》の月《つき》は寒《さむ》さもあいまって、どことなくさみしく見《み》える。雪景色《ゆきげしき》の中《なか》に見《み》える月《つき》は青白《あおじろ》くて、幻想的《げんそうてき》だ。

**こんな季語《きご》もあるよ**

寒月《かんげつ》

冬《ふゆ》の月落《つきお》ちてる僕《ぼく》を照《て》らしてる　中三《ちゅうさん》　鶴田哲也

## 木《こ》枯《が》らし

初

北風《きたかぜ》の中《なか》でもとくに強《つよ》い、冬《ふゆ》のおとずれを告《つ》げる風《かぜ》のこと。木枯《こが》らしが吹《ふ》くと、枯《か》れ葉《は》を吹《ふ》きとばし、木《き》はまるはだかにされてしまう。強《つよ》い風《かぜ》に吹《ふ》かれた葉《は》がまいあがって秋《あき》との最後《さいご》の別《わか》れをしているように見《み》える。

木枯《こが》らしや山《やま》の向《む》こうに思《おも》いはせ

小六《しょうろく》　樹楽

## 北《き》風《た》

三

冬《ふゆ》に北《きた》から吹《ふ》く乾燥《かんそう》した冷《つめ》たい風《かぜ》。寒《さむ》さで縮《ちぢ》み上《あ》がり体《からだ》がふるえてしまう。風邪《かぜ》をひかないようにマフラーや手袋《てぶくろ》が欠《か》かせない。

**こんな季語《きご》もあるよ**

北風《きたかぜ》　すきま風《かぜ》

北風《きたかぜ》や北国《きたぐに》からのおくりもの

小六《しょうろく》　万星

## 冬《ふゆ》の虹《にじ》

三

単《たん》に「虹《にじ》」だと夏《なつ》の季語《きご》だが、「春《はる》の虹《にじ》」「秋《あき》の虹《にじ》」もそれぞれ季語《きご》になっている。冬《ふゆ》の虹《にじ》は夏《なつ》ほど鮮明《せんめい》ではないが、冷《つめ》たい雨《あめ》のあと重《おも》たい雲《くも》のすきまにかかっている様子《ようす》に独特《どくとく》の迫力《はくりょく》がある。

弟《おとうと》が生《う》まれた朝《あさ》は冬《ふゆ》の虹《にじ》

小三《しょうさん》　とうま

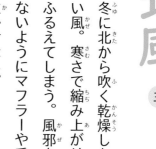

## 空風《からかぜ》

三

晴《は》れた日《ひ》に吹《ふ》く乾燥《かんそう》した風《かぜ》。とくに群馬県《ぐんまけん》の空風《からかぜ》が有名《ゆうめい》で「赤城《あかぎ》おろし」など地域《ちいき》ごとに特別《とくべつ》な名前《なまえ》でよばれる。乾《かん》燥《そう》した風《かぜ》は体《からだ》を冷《ひ》やし、肌《はだ》のうるおいもうばう。

こんな季語《きご》もあるよ
からっかぜ

空風《からかぜ》に負《ま》けずに教室友《きょうしつとも》の顔《かお》

小五《しょうご》　ゴン

## 冬凪《ふゆなぎ》

三

冬《ふゆ》の強《つよ》い風《かぜ》が一旦《いったん》おさまり、海《うみ》の波《なみ》がおだやかになること。冬《ふゆ》は気圧《きあつ》の影響《えいきょう》で海《うみ》も荒《あ》れることが多《おお》いが、風《かぜ》がなく波《なみ》の立《た》たないこともある。

卒業《そつぎょう》を感《かん》じる冬凪水平線《ふゆなぎすいへいせん》

小六《しょうろく》　あまね

## しまき

晩

粉雪《こなゆき》が強《つよ》い風《かぜ》に吹《ふ》かれている状態《じょうたい》のこと。目《め》の前《まえ》が真《ま》っ白《しろ》になり、道《みち》などが見《み》えなくなる。風《かぜ》のいきおいと雪《ゆき》の冷《つめ》たさが感《かん》じられる言葉《ことば》。

こんな季語《きご》もあるよ
風巻《しまき》

心寂《こころさび》ししまきの中《なか》で明日《あす》思《おも》う

中二《ちゅうに》　そら

## 時雨《しぐれ》

初

冬《ふゆ》の初《はじ》めのころに、急《きゅう》に降《ふ》ってはやむ雨《あめ》のこと。降《ふ》る時間《じかん》は短《みじか》く、雨宿《あまやど》りしてもすぐにやむこともある。「春時雨《はるしぐれ》」、「秋時雨《あきしぐれ》」もあるが、「時雨《しぐれ》」とだけいうと冬《ふゆ》の季語《きご》。平安時代以前《へいあんじだいいぜん》は秋《あき》の季語《きご》だったが、平安時代中期以降《へいあんじだいちゅうきいこう》に冬《ふゆ》の季語《きご》になった。

**こんな季語《きご》もあるよ**

朝時雨《あさしぐれ》　夕時雨《ゆうしぐれ》　初時雨《はつしぐれ》　時雨雲《しぐれぐも》　時雨心地《しぐれごこち》　時雨《しぐれ》の色《いろ》

旅人《たびびと》と我《わ》が名《な》呼《よ》ばれん初時雨《はつしぐれ》

松尾芭蕉《まつおばしょう》

## みぞれ

三

雪《ゆき》がまざりあったような雨《あめ》。びちょびちょと降《ふ》ってくるので、雪《ゆき》のような軽《かる》さはない。みぞれが降《ふ》っている日《ひ》はどことなく薄暗《うすぐら》くなる。

新《あたら》しいかさcouldさし走《はし》るみぞれ雪《ゆき》

小四《しょうよん》　すず

## あられ

三

空《そら》からぱらぱら降《ふ》ってくる白《しろ》い氷《こおり》のかたまり。屋根《やね》にぶつかったり、地面《じめん》に落《お》ちたりすると軽《かろ》やかな音《おと》がする。

**こんな季語《きご》もあるよ**

雪《ゆき》あられ　玉《たま》あられ

カラカラと雪《ゆき》の合唱《がっしょう》玉《たま》あられ

小四《しょうよん》　ゆうた

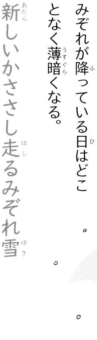

# つらら

晩

家《いえ》の屋根《やね》の下《した》や木《き》の枝《えだ》などからたれさがる、長《なが》いぼうのような氷《こおり》のこと。屋根《やね》からたれた水《みず》が凍《こお》りついたもので、先《さき》にいくにつれてとがっている。

鉄琴《てっきん》のかわりがつららえんそう会《かい》

小六《しょうろく》 杉崎愛海

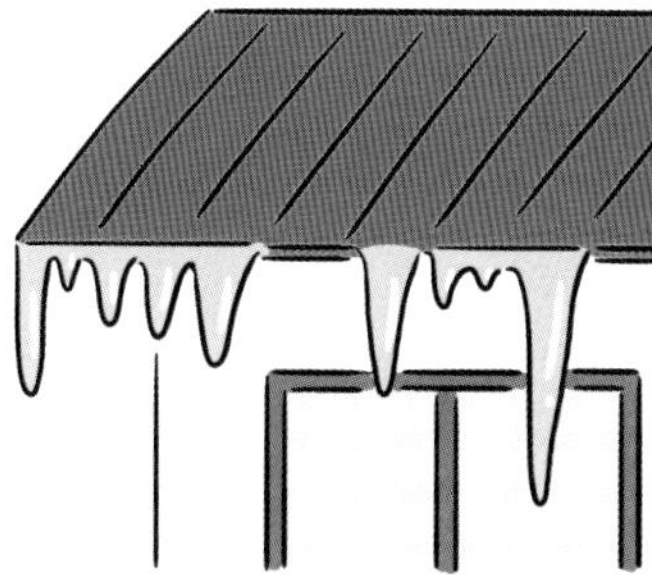

# 霜《しも》

三

空気中《くうきちゅう》の水蒸気《すいじょうき》が冷《ひ》えて、白《しろ》い細《こま》かい氷《こおり》になったもの。草《くさ》や建物《たてもの》のかべ、地面《じめん》などについていることが多《おお》い。霜《しも》にあたると植物《しょくぶつ》は枯《か》れてしまうといわれている。

つやつやと柳《やなぎ》に霜《しも》の降《ふ》る夜《よ》かな

加藤暁台《かとうきょうたい》

# 霜柱《しもばしら》

三

冬《ふゆ》の夜《よる》に、土《つち》の上《うえ》に立《た》つようにできた氷《こおり》の柱《はしら》のこと。地面《じめん》の中《なか》にあった水分《すいぶん》が上昇《じょうしょう》して、地表《ちひょう》のすぐ下《した》で凍《こお》ってできる。朝早《あさはや》く、地面《じめん》に生《は》えている霜柱《しもばしら》を踏《ふ》むとざくざく音《おと》がして楽《たの》しい。

朝早《あさはや》く宝《たから》さがしの霜柱《しもばしら》

小四《しょうよん》 平霜

## 雪《ゆき》

三

雪《ゆき》は「雪月花《せつげっか》」といわれる日本《にほん》の四季《しき》を代表《だいひょう》する美《うつく》しいもののひとつ。同《おな》じ雪《ゆき》でも降《ふ》り方《かた》やいつ降るかによって雰囲気《ふんいき》がまったくちがう。夜《よる》に雪《ゆき》が降《ふ》っているととても静《しず》かな感《かん》じがするし、昼間《ひるま》に降《ふ》っているとかえって明《あか》るい感《かん》じがする。

**こんな季語《きご》もあるよ**

初雪《はつゆき》

雪《ゆき》がふり私《わたし》は家《いえ》でまるくなる

小五《しょうご》　愛美

## 六花《むつのはな》

三

雪《ゆき》の別名《べつめい》。雪《ゆき》の結晶《けっしょう》はふつう、六角形《ろっかくけい》の形《かたち》をしているものが多《おお》く、近《ちか》くで見《み》ると花《はな》のように見えるので、この名前《なまえ》がつけられた。

帰《かえ》り道《みち》祖父《そふ》のコートに六花《むつのはな》

小六《しょうろく》　ぽりん

## 風花《かざはな》

晩

晴《は》れた空《そら》から雪《ゆき》がちらちらと舞《ま》い落《お》ちてくることをいう。青空《あおぞら》を背景《はいけい》に小《ちい》さな雪《ゆき》のひとひらが降《ふ》ってくる様子《ようす》は、はかない感《かん》じがする。

風花《かざはな》がまいたつ海《うみ》に友《とも》思《おも》う

中三《ちゅうさん》　静海

## 吹雪《ふぶき》

晩

強《つよ》い風《かぜ》といっしょに大雪《おおゆき》が降《ふ》ること。視界《しかい》が真《ま》っ白《しろ》になり、この中《なか》を歩《ある》くのは危険《きけん》。冬《ふゆ》の寒《さむ》さがきびしい北国《きたぐに》でよく見《み》られる。

一年《いちねん》が吹雪《ふぶき》とともに過《す》ぎてゆく

小六《しょうろく》　冬子

## 綿雪《わたゆき》

三

綿《わた》のように軽《かる》い、たちまち消《き》えてしまう雪《ゆき》のこと。地面《じめん》にふれるととけてしまうので積《つ》もることはあまりない。枝《えだ》の上《うえ》などに少《すこ》し残《のこ》ったものは細《こま》かく、繊細《せんさい》な感《かん》じがする。

綿雪《わたゆき》が枝《えだ》にどんどん飲《の》まれてく

小六《しょうろく》　ごう

## ぼたん雪《ゆき》

三

大《おお》きなかたまりとなって降《ふ》ってくる雪《ゆき》のこと。名前《なまえ》の由来《ゆらい》はぼたんの花《はな》びらが一枚一枚《いちまいいちまい》落《お》ちていくように降《ふ》るからとも、ぼたぼた降《ふ》ってくるからともいわれる。

手袋《てぶくろ》に大福《だいふく》みたいなぼたん雪《ゆき》

小六《しょうろく》　みち

## 粉雪《こなゆき》

三

粉《こな》のようにさらさらした軽《かる》い雪《ゆき》のこと。気温《きおん》が低《ひく》いときに降《ふ》る雪《ゆき》で、風《かぜ》が吹《ふ》くと舞《ま》い上《あ》がってきらきらして見《み》える。

粉雪《こなゆき》を窓《まど》からながめ幼《おさな》い目《め》

小六《しょうろく》　莉光

## 雪《ゆき》景《げ》色《しき》

三

雪《ゆき》が降《ふ》っている景色《けしき》、または雪《ゆき》が積《つ》もってあたり一面《いちめん》真《ま》っ白《しろ》になった景色《けしき》のこと。山《やま》や木《き》、町《まち》に雪《ゆき》が積《つ》もっている様《よう》子《す》は美《うつく》しい。

雪《ゆき》景《げ》色《しき》赤《あか》い服《ふく》から贈《おく》りもの

小四《しょうよん》　紅衣

## 雪《ゆき》晴《ば》れ

晩

雪《ゆき》がやみ、雲一《くもひと》つない青空《あおぞら》が見《み》えること。青空《あおぞら》の下《もと》、一面《いちめん》が白《しろ》くそまっていることから、景色《けしき》がとても明《あか》るく見《み》える。雪《ゆき》かきをしたり、屋根《やね》に残《のこ》った雪《ゆき》を落《お》としたりする。

雪晴《ゆきば》れに心《こころ》あたたまる包《つつ》み紙《がみ》

小四《しょうよん》　紅衣

## 冠《かん》雪《せつ》

三

山《やま》の頂上《ちょうじょう》などにかぶさるように積《つ》もった雪《ゆき》のこと。冬《ふゆ》になると山《やま》が雪《ゆき》のぼうしをかぶっているように見《み》え、ふもとにかけてのグラデーションが美《うつく》しい。

冠雪《かんせつ》のかがやき祖《そ》母《ぼ》へ手紙《てがみ》書《か》く

小四《しょうよん》　りの

## 雪《ゆき》明《あか》り

三

雪《ゆき》の白《しろ》さで夜《よる》の景色《けしき》がうっすら明《あか》るく見《み》えること。雪《ゆき》は光《ひかり》を反射《はんしゃ》しやすいため、月《つき》や町《まち》の明《あか》りをはねかえして、夜《よる》でも明《あか》るく見《み》える。

暗《くら》い道《みち》どこかで光《ひか》る雪明《ゆきあ》かり

小五《しょうご》　依田ことみ

# みんなの俳句

やきいものにおいもいっしょに買《か》っちゃった
小四《しょうよん》　丸山絵美

木枯《こが》らしがとつぜんふいた帰《かえ》り道《みち》
小四《しょうよん》　莉子

池近《いけちか》く声《こえ》をあわせて鴨《かも》がなく
小三《しょうさん》　ぬくはいく

寒《さむ》いねと言葉《ことば》がでたら息白《いきしろ》し
小六《しょうろく》　シュナイザー

北風《きたかぜ》がビューとなって「きみおいで」
小五《しょうご》　熊原詩織

# 夏《なつ》井《い》いつきの俳《はい》句《く》教《きょう》室《しつ》④

## 帰《かえ》り道《みち》枯《か》れ木《き》が一本《いっぽん》私《わたし》も一人《ひとり》

小六《しょうろく》　シュナイザー

### ここがすてき！

季語《きご》の「枯《か》れ木《き》」は、冬《ふゆ》になって、すべての葉《は》を落《お》とした状態《じょうたい》になる落葉樹《らくようじゅ》のことを指《さ》します。この句《く》は、幹《みき》だけになった「枯《か》れ木《き》」の一本《いっぽん》と、一人《ひとり》である私《わたし》を対比《たいひ》しています。どちらにも同《おな》じさびしさがあるのだ、という気《き》づきが、俳句《はいく》の核《かく》となりました。

もったいないのは語順《ごじゅん》です。語順《ごじゅん》を工《く》夫《ふう》すれば、下五《しもご》はいかようにも展開《てんかい》できます。順《じゅん》に考《かんが》えてみましょう。

### もっとよくするには…

まずは、「枯《か》れ木《き》」がぽつんと一本《いっぽん》ある光景《こうけい》から始《はじ》めてみましょうか。「枯《か》れ木《き》一本《いっぽん》私《わたし》も一人《ひとり》」とすれば、それぞれの姿《すがた》がくっきりと描《えが》かれます。

下五《しもご》は、そのまま「帰《かえ》り道《みち》」としてもよいですし、頭上《ずじょう》を見上《みあ》げて「雲一《くもひと》つ」と、「一《いち》」をくり返《かえ》してもいいでしょう。さらに、「空青《そらあお》し」として「枯《か》れ木《き》」との色《いろ》の対比《たいひ》をねらってもいいですね。

### こうしてみよう

枯《か》れ木《き》一本《いっぽん》私《わたし》も一人《ひとり》○○○○○

**語《ご》順《じゅん》を変《か》えて下《しも》五《ご》を考《かんが》えてみよう**

**五《ご》音《おん》になにを入《い》れる？**

- 帰《かえ》り道《みち》
- 雲《くも》一《ひと》つ
- 空《そら》青《あお》し

# 5章《しょう》

# おもしろい言《こと》葉《ば》

## 立冬《りっとう》

初

二十四節気《にじゅうしせっき》のうち、冬《ふゆ》の初《はじ》めの季節《きせつ》。現在《げんざい》の十一月七日《じゅういちがつなのか》ごろにあたる。それほど寒《さむ》くはないが、本格的《ほんかくてき》な冬《ふゆ》にそなえて準備《じゅんび》をし始《はじ》める時期《じき》。

**こんな季語《きご》もあるよ**

冬来《ふゆき》たる　冬立《ふゆた》つ　冬《ふゆ》に入《い》る

句《く》を作《つく》るこころ戻《もど》りぬ冬立《ふゆた》ちぬ　日野草城《ひのそうじょう》

## 小雪《しょうせつ》

初

二十四節気《にじゅうしせっき》のうち、冬《ふゆ》の二番《にばん》目《め》の季節《きせつ》。現在《げんざい》の十一月二十二日《じゅういちがつにじゅうににち》ごろにあたる。雪《ゆき》が降《ふ》っても、まだ大雪《おおゆき》にはならない。北風《きたかぜ》が枯《か》れ葉《は》を散《ち》らし、野山《のやま》が雪化粧《ゆきげしょう》をし始《はじ》める。

小雪《しょうせつ》やマラソン大会《たいかい》走《はし》りきる　小五《しょうご》　せいじ

## 大雪《たいせつ》

仲

二十四節気《にじゅうしせっき》のうち、冬《ふゆ》の三番《さんばん》目《め》の季節《きせつ》。現在《げんざい》の十二月七日《じゅうにがつなのか》ごろにあたる。名前《なまえ》のとおり雪《ゆき》の日《ひ》が多《おお》くなる。ここから寒《さむ》くて本格的《ほんかくてき》な冬《ふゆ》に入《はい》る。

大雪《たいせつ》の夜《よる》のスープにほっとする　小五《しょうご》　みそ

## 冬至《とうじ》

仲

二十四節気《にじゅうしせっき》のうち、冬《ふゆ》の四番《よんばん》目《め》の季節《きせつ》。現在《げんざい》の十二月二十二日《じゅうにがつにじゅうににち》ごろにあたる。一年《いちねん》で昼《ひる》が最《もっと》も短《みじか》く夜《よる》が長《なが》い。健康《けんこう》をいのって、柚子湯《ゆずゆ》に入《はい》り、かぼちゃを食《た》べる。

冬至《とうじ》の夜《よ》こたつで夜勤《やきん》の母《はは》を待《ま》つ　中二《ちゅうに》　みすず

## 小寒《しょうかん》

晩

二十四節気《にじゅうしせっき》のうち、冬《ふゆ》の五番《ごばん》目《め》の季節《きせつ》。現在《げんざい》の一月五日《いちがついつか》ごろにあたる。寒《さむ》さが本格的《ほんかくてき》になってくる時期《じき》。冬休《ふゆやす》みが終《お》わって学校《がっこう》が始《はじ》まるころでもある。

小寒《しょうかん》や外《そと》で遊《あそ》ぶぞ負《ま》けないぞ

小三《しょうさん》　げんき

## 大寒《だいかん》

晩

二十四節気《にじゅうしせっき》のうち、冬《ふゆ》の六番《ろくばん》目《め》の季節《きせつ》。現在《げんざい》の一月二十日《いちがつはつか》ごろにあたる。「大寒《だいかん》」という名前《なまえ》からもわかるように、この時期《じき》から立春《りっしゅん》（二月四日《にがつよっか》ごろ）までの時期《じき》が一番寒《いちばんさむ》い。

給食《きゅうしょく》のシチューがうれしい大寒《だいかん》や

小三《しょうさん》　れい

## 師走《しわす》

仲

十二月《じゅうにがつ》のこと。さまざまな説《せつ》があるが、年末《ねんまつ》で忙《いそが》しく、師《し》（お坊《ぼう》さん）も忙《いそが》しく走《はし》りまわるから「師走《しわす》」とよばれるようになった。

旅寝《たびね》よし宿《やど》は師走《しわす》の夕月夜《ゆうづきよ》

松尾芭蕉《まつおばしょう》

## 日脚伸《ひあしの》ぶ

晩

一月《いちがつ》ごろから少《すこ》しずつ日《ひ》がのびてくることをいう。学校《がっこう》の帰《かえ》りの時間《じかん》など「少《すこ》し前《まえ》までは真《ま》っ暗《くら》だったのにまだ明《あか》るいな」と気《き》づくことが増《ふ》える。

日脚伸《ひあしの》ぶ帰《かえ》りの足《あし》どり軽《かる》くなる

小五《しょうご》　亜門具明日

# 山眠《やまねむ》る

三

冬《ふゆ》は山《やま》も休《やす》んでいるように見《み》えるので「山眠《やまねむ》る」という。枯《か》れ木《き》が多《おお》くなり、動物《どうぶつ》も冬《とう》眠《みん》する。植物《しょくぶつ》も新《あら》たな芽吹《めぶ》きを前《まえ》にじっと準備《じゅんび》をしている。

こんな季語《きご》もあるよ　眠《ねむ》る山《やま》

静《しず》けさや夕日《ゆうひ》がしずみ山眠《やまねむ》る

小六《しょうろく》　NH

# 虎落笛《もがりぶえ》

三

寒《さむ》い夜空《よぞら》を風《かぜ》がヒューと音《おと》をたてて吹《ふ》くこと。虎落《もがり》とは竹《たけ》を並《なら》べてつくった柵《さく》や竹垣《たけがき》のこと。これに強《つよ》い風《かぜ》が吹《ふ》くと、笛《ふえ》のような音《おと》をたてることがある。

炉《ろ》の端《はた》に月《つき》のさしけり虎落笛《もがりぶえ》

吉田冬葉《よしだとうよう》

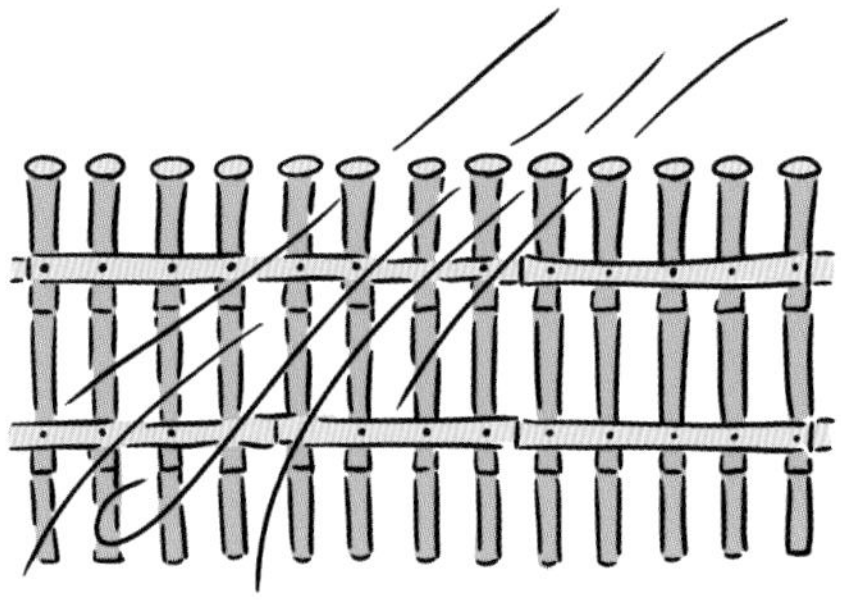

# 雪女《ゆきおんな》

晩

雪国《ゆきぐに》に出《で》るといわれる妖怪《ようかい》。吹雪《ふぶき》が戸《と》をたたく音《おと》を聞《き》いて誰《だれ》かがやってきたのではないか、と想像《そうぞう》したことから生《う》まれたともいわれる。

わたしの手外《てそと》で遊《あそ》ぶと雪女《ゆきおんな》

小六《しょうろく》　なみ

# かまいたち

三

肌《はだ》が刃物《はもの》で切《き》られたかのように傷《きず》つく現象《げんしょう》。昔《むかし》はつむじ風《かぜ》にのってあらわれた同《おな》じ名前《まえ》の妖怪《ようかい》によるものだと考《かんが》えられていた。原因《げんいん》は今《いま》もはっきりしていない。

かまいたち逃《に》げきりリレーで一等賞《いっとうしょう》

小四《しょうよん》　あっこ

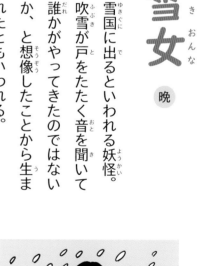

## ふくらすずめ

晩

冬《ふゆ》になって寒《さむ》さから身《み》を守《まも》るために自分《じぶん》の羽《はね》をふわふわさせて、ふっくらとしたすずめのこと。丸《まる》くなっている様子《ようす》がかわいく、縁起《えんぎ》がいいものと考《かんが》えられてきた。

もこもことふくらすずめは衣替《ころもが》え

小五《しょうご》　花草咲夜

## こたつねこ

三

こたつの中《なか》や上《うえ》でぬくぬくすごしているねこのこと。ねこは元々《もともと》、アフリカなどの暑《あつ》い地域《ちいき》に住《す》んでいた動物《どうぶつ》のため、寒《さむ》さには弱《よわ》い。

**こんな季語《きご》もあるよ**　かまどねこ

勉強中《べんきょうちゅう》うたたねさそうこたつねこ

小六《しょうろく》　ぶっちー

## 熊穴《くまあな》に入《い》る

初

冬《ふゆ》、熊《くま》が穴《あな》に入《はい》って冬眠《とうみん》すること。木《き》の穴《あな》や洞窟《どうくつ》の中《なか》に入《はい》ってたくわえた脂肪《しぼう》の栄養《えいよう》を使《つか》いながら、春《はる》になるまでゆっくり寝《ね》てすごしている。メスは子《こ》を産《う》んで育《そだ》てる時期《じき》でもある。

朝《あさ》ねぼう熊穴《くまあな》に入《い》るまねをする

小四《しょうよん》　ベアベア

雪《ゆき》あそびちからあわせてたたかうぞ　小二《しょうに》　あかね

かまくらに白《しろ》い思《おも》い出《で》しまったよ　中二《ちゅうに》　鈴木智南

雪《ゆき》だるまこの子《こ》の親《おや》はこの私《わたし》　小五《しょうご》　森美帆

雪《ゆき》の中《なか》りんごのようにころんだよ　小六《しょうろく》　小栗花世

太陽《たいよう》の下《した》で雪《ゆき》が透《す》きとおる　中三《ちゅうさん》　武田真奈

# 夏《なつ》井《い》いつきの俳《は》句《く》教《きょう》室《しつ》⑤

## E《イー》5系《けい》北風《きたかぜ》の中《なか》かけぬける

小四《しょうよん》　駿翔鉄道

### ここがすてき！

列車《れっしゃ》とか電車《でんしゃ》とかではなく、より具体《ぐたい》的《てき》に「E《イー》5系《けい》」としたのがいいですね。「E《イー》5系《けい》」とは、東京《とうきょう》と新函館北斗《しんはこだてほくと》間《かん》を走《はし》る新幹線車両《しんかんせんしゃりょう》の「E《イー》5系《けい》」のことです。知《し》っている人《ひと》は、皆《みな》、同《おな》じ形《かたち》や同《おな》じ色《いろ》を瞬時《しゅんじ》に思《おも》い描《えが》けます。国内最高速度《こくないさいこうそくど》でデビューした車両《しゃりょう》だと知《し》ると、「かけぬける」速《はや》さも、一層《いっそう》スピード感《かん》をもって感《かん》じられてきます。車窓《しゃそう》からの冬《ふゆ》の北日本《きたにほん》の風景《ふうけい》が見《み》えてくる句《く》でもあります。

### もっとよくするには…

さらにオリジナリティを高《たか》くするならば、「北風《きたかぜ》を駆《か》け抜《ぬ》く」と言葉《ことば》を整理《せいり》し、「北風《きたかぜ》を駆《か》け抜《ぬ》くE《イー》5系《けい》○○○」としてみましょうか。○の三音《さんおん》で色《いろ》や形《かたち》の特《とく》徴《ちょう》を書《か》いてもいいですね。

逆《ぎゃく》に、「E《イー》5系《けい》駆《か》け抜《ぬ》く」と前半《ぜんはん》を整《ととの》え、後半《こうはん》を「北風《きたかぜ》○○○○」として、北風《きたかぜ》の様子《ようす》を描写《びょうしゃ》することもできます。みなさんなら、どんな言葉《ことば》を入《い》れますか。

**オリジナリティを高《たか》めよう**

**三音《さんおん》〜四音分《よんおんぶん》なにを入《い》れる？**

- E《イー》5系《けい》の色《いろ》や形《かたち》
- 北風《きたかぜ》の様子《ようす》

### 考《かん》えてみよう

**整理《せいり》してできた音数分《おんすうぶん》でできることは？**

# さくいん

この本《ほん》で紹介《しょうかい》した冬《ふゆ》の季語《きご》を五十音順《ごじゅうおんじゅん》に並《なら》べています。


## あ

朝時雨《あさしぐれ》……48
厚着《あつぎ》……24
あられ……48
息白《いきしろ》し……44
凍空《いてぞら》……44
浮《うき》寝《ね》鳥《どり》……38
うさぎ……35
えりまき……24
大晦日《おおみそか》……9
置《おき》ごたつ……22
おせち……15
落《お》ち葉《ば》……32
おでん……28
お年玉《としだま》……13
オリオン……45

## か

帰《かえ》り花《ばな》……32
鏡《かがみ》もち……15
書初《かきぞ》め……13
影《かげ》冴《さ》ゆ……42
重《かさ》ね着《ぎ》……24
風花《かざはな》……50
かざり縄《なわ》……11
かじかむ……43
賀状《がじょう》……13
風邪《かぜ》……25
門松《かどまつ》……11
かまいたち……58
かまどねこ……59
鴨《かも》……38
空風《からかぜ》……47
からっかぜ……47
かるた……14
枯《か》れ木《き》……32
枯《か》れ野《の》……32
枯《か》れ葉《は》……32
寒気《かんき》……42
寒月《かんげつ》……45
寒《かん》すばる……45
冠雪《かんせつ》……52
元旦《がんたん》……10
寒椿《かんつばき》……33
寒天《かんてん》……44
北《き》風《た》……46
北風《きたかぜ》……46
きつね……35
着《き》ぶくれ……24
牛鍋《ぎゅうなべ》……28
くしゃみ……25
くじら……36
熊《くま》……36
熊穴《くまあな》に入《い》る……59
クリスマス……6
クリスマスイブ……6
クリスマスツリー……6
暮早《くれはや》し……44
暮《くれ》やすし……44
声冴《こえさ》ゆる……42
コート……24
木枯《こが》らし……46
ごぎょう……16
こたつ……22
こたつねこ……59
こたつ開《ひら》く……22
粉雪《こなゆき》……51
木《こ》の葉《は》……32
小春《こはる》……42
小春日《こはるび》……42
小春日和《こはるびより》……42
こま……14

## さ

冴《さ》える星《ほし》……42
山茶花《さざんか》……33
寒《さむ》さ……42
寒《さむ》し……42
寒空《さむぞら》……44
冴《さ》ゆ……42
冴《さ》ゆる風《かぜ》……42
冴《さ》ゆる夜《よる》……42
小夜時雨《さよしぐれ》……48
三寒四温《さんかんしおん》……43
サンタクロース……6
時雨《しぐれ》……48
時雨雲《しぐれぐも》……48
時雨心地《しぐれごこち》……48
時雨《しぐれ》の色《いろ》……48
獅子舞《ししまい》……11
七五三《しちごさん》……7
しまき……47
風巻《しまき》……47
しめかざり……11
霜《しも》……49
霜柱《しもばしら》……49
正月《しょうがつ》……10
小寒《しょうかん》……57
小雪《しょうせつ》……56
除夜《じょや》の鐘《かね》……9
師走《しわす》……57
新春《しんしゅん》……10
新年《しんねん》……10
水仙《すいせん》……34
スキー……21
すきま風《かぜ》……46
すき焼《や》き……28
スケート……21
すごろく……14
すずしろ……16
すずな……16
すす払《はら》い……8
ストーブ……22

聖歌《せいか》……6
聖夜《せいや》……6
セーター……24
せき……25
節分《せつぶん》……7
雑煮《ぞうに》……15
早梅《そうばい》……34
そり……20

## た

大寒《だいかん》……57
大根《だいこん》……27
大雪《たいせつ》……56
たい焼《や》き……28
鷹《たか》……38
焚《た》き火《び》……23
竹馬《たけうま》……21
たぬき……35
玉《たま》あられ……48
たら……27
短日《たんじつ》……44
暖房《だんぼう》……22
暖炉《だんろ》……22
つらら……49
手《て》ぶくろ……24
てん……35
冬至《とうじ》……56
冬天《とうてん》……44
冬眠《とうみん》……36
年越《としこ》し……9
年立《とした》つ……10
年《とし》の暮《くれ》……9
年《とし》の豆《まめ》……7

## な

なずな……16
七草粥《ななくさがゆ》……16
なわとび……21
日記《にっき》果《は》つ……26
寝正月《ねしょうがつ》……13
眠《ねむ》る山《やま》……58
年賀状《ねんがじょう》……13
年末賞与《ねんまつしょうよ》……26

## は

白鳥《はくちょう》……37
初時雨《はつしぐれ》……48
初便《はつだよ》り……13
初《はつ》はらい……12
初春《はつはる》……10
初日《はつひ》……12
初日《はつひ》の出《で》……12
初《はつ》みくじ……12
初詣《はつもうで》……12
初雪《はつゆき》……50
初夢《はつゆめ》……12
鼻水《はなみず》……25
春待《はるま》つ……43
日脚《ひあし》伸《の》ぶ……57
柊《ひいらぎ》の花《はな》……33
日向《ひなた》ぼっこ……23
日短《ひみじか》……44
日短《ひみじか》し……44
福寿草《ふくじゅそう》……11
福引《ふくびき》……15
ふくらすずめ……59
ふくろう……37
布団《ふとん》……23
吹雪《ふぶき》……51
冬青空《ふゆあおぞら》……44
冬《ふゆ》うらら……43
冬来《ふゆきた》る……56
冬銀河《ふゆぎんが》……45
冬木立《ふゆこだち》……33
冬《ふゆ》ごもり……26
冬空《ふゆぞら》……44
冬立《ふゆた》つ……56
冬凪《ふゆなぎ》……47
冬《ふゆ》に入《い》る……56
冬《ふゆ》の空《そら》……44
冬《ふゆ》の蝶《ちょう》……37
冬《ふゆ》の月《つき》……45
冬《ふゆ》の鳥《とり》……37
冬《ふゆ》の虹《にじ》……46
冬《ふゆ》の星《ほし》……45
冬晴《ふゆば》れ……43
冬日和《ふゆびより》……43
冬服《ふゆふく》……24
冬《ふゆ》めく……42
冬紅葉《ふゆもみじ》……32
冬休《ふゆやす》み……8
ぶり……27
古日記《ふるにっき》……26
ポインセチア……34
ボーナス……26
星冴《ほしさ》ゆ……45
ぼたん雪《ゆき》……51
ほとけのざ……16
掘《ほり》ごたつ……22

## ま

まぐろ……27
マスク……25
マフラー……24
豆《まめ》まき……7
みかん……27
水鳥《みずどり》……38
みぞれ……48
ムササビ……36
六花《むつのはな》……50
虎落笛《もがりぶえ》……58
もちつき……8

## や

焼《や》きいも……28
山眠《やまねむ》る……58
夕時雨《ゆうしぐれ》……48
床暖房《ゆかだんぼう》……22
雪《ゆき》……50
雪明《ゆきあか》り……52
雪遊《ゆきあそ》び……20
雪《ゆき》あられ……48
雪《ゆき》うさぎ……20
雪《ゆき》おろし……25
雪女《ゆきおんな》……58
雪《ゆき》かき……25
雪合戦《ゆきがっせん》……20
雪景色《ゆきげしき》……52
雪《ゆき》だるま……20
雪晴《ゆきば》れ……52
行《ゆ》く年《とし》……9
湯冷《ゆざ》め……26
柚子湯《ゆずゆ》……23
ゆたんぽ……22
夢祝《ゆめいわい》……12
夢始《ゆめはじめ》……12
寄《よ》せ鍋《なべ》……27

## わら

立冬《りっとう》……56
鷲《わし》……38
綿雪《わたゆき》……51

イラスト　おおたきょうこ
かたぎりあおい
キタハラケンタ
てらいまき
meppelstatt
山中正大
山本祐司

デザイン　阿部美樹子
DTP　中尾淳

校正　村井みちよ

編集協力　加藤千鶴
五明直子

編集・制作　株式会社 KANADEL

協力　現代俳句協会
筑波大学附属小学校
荒川区立第一日暮里小学校
鹿児島市立中洲小学校
出水市立大川内小学校
姶良市立蒲生小学校
伊佐市立山野小学校

参考文献　『新版 角川俳句大歳時記 冬』（KADOKAWA）
『読んでわかる俳句 日本の歳時記 冬』（小学館）
『短歌・俳句 季語辞典』（ポプラ社）
『大辞林 第三版』（三省堂）

みんなの俳句がいっぱい!
学校歳時記 5 冬・新年の季語

発行　2023 年 4 月　第 1 刷
監修　白坂洋一
発行者　千葉 均
編集　小林真理菜
発行所　株式会社ポプラ社
〒 102-8519　東京都千代田区麹町 4-2-6
ホームページ　www.poplar.co.jp（ポプラ社）
kodomottolab.poplar.co.jp（こどもっとラボ）
印刷・製本　図書印刷株式会社


ISBN978-4-591-17645-0　N.D.C.911 ／ 63p ／ 27cm Printed in Japan



P7237005

監修
## 白坂洋一《しらさかよういち》

1977年鹿児島県生まれ。鹿児島県公立小学校教諭を経て、2016年より筑波大学附属小学校国語科教諭。『例解学習漢字辞典』（小学館）編集委員。『例解学習ことわざ辞典』監修。全国国語授業研究会理事。「子どもの論理」で創る国語授業研究会会長。主な著書に『子どもを読書好きにするために親ができること』（小学館）等。

協力
## 秋尾敏《あきおびん》

1950年埼玉県生まれ。千葉県公立中学校・教育委員会勤務を経て、1999年より軸俳句会主宰。全国俳誌協会会長、現代俳句協会副会長。評論集に『子規の近代 －滑稽・メディア・日本語－』（新曜社）、『虚子と「ホトトギス」－近代俳句のメディア』（本阿弥書店）等、句集に『ふりみだす』（本阿弥書店）等。

## 夏井《なつい》いつき（選・鑑賞）

1957年生まれ。松山市在住。俳句集団「いつき組」組長、藍生俳句会会員。第８回俳壇賞受賞。俳句甲子園の創設にも携わる。松山市公式俳句サイト「俳句ポスト365」等選者。2015年より初代俳都松山大使。第72回日本放送協会放送文化賞受賞。句集『伊月集 鶴』、『瓢簞から人生』、『今日から一句』等著書多数。

※夏井先生は俳句教室のページの選句をしています。
そのほかのページの選句はしていません。

あそびをもっと、
まなびをもっと。
こどもっとラボ

みんなの俳句がいっぱい！

# 学校歳時記

全5巻

セット
N.D.C.911

監修
筑波大学附属小学校
白坂洋一

協力
現代俳句協会
秋尾敏
夏井いつき
（選・鑑賞）

1巻 俳句のつくりかた N.D.C.911

2巻 春の季語 N.D.C.911

3巻 夏の季語 N.D.C.911

4巻 秋の季語 N.D.C.911

5巻 冬・新年の季語 N.D.C.911

小学校低学年から　AB版／各63ページ
図書館用特別堅牢製本図書

# 季語《きご》の地図《ちず》

この本《ほん》で紹介《しょうかい》したおもな季語《きご》をジャンル別《べつ》にまとめました。数字《すうじ》は出《で》てくるページです。


## 天文《てんもん》

- 木枯《こが》らし　初　46
- 時雨《しぐれ》　初　48
- しまき　晩　47
- 風花《かざはな》　晩　50
- 吹雪《ふぶき》　晩　51
- 雪晴《ゆきば》れ　晩　52
- 雪女《ゆきおんな》　晩　58
- 冬日和《ふゆびより》　三　43
- 冬《ふゆ》の空《そら》　三　44
- 冬《ふゆ》の星《ほし》　三　45
- 冬《ふゆ》の月《つき》　三　45
- 北風《きた》　三　46
- 冬《ふゆ》の虹《にじ》　三　46
- 空風《からかぜ》　三　47

## 地理《ちり》

- つらら　晩　49
- 枯《か》れ野《の》　三　32
- 霜柱《しもばしら》　三　49
- 山眠《やまねむ》る　三　58

## 行事《ぎょうじ》・生活《せいかつ》

- 七五三《しちごさん》　初　7
- クリスマス　仲　6
- 冬休《ふゆやす》み　仲　8
- もちつき　仲　8
- すす払《はら》い　仲　8
- 柚子湯《ゆずゆ》　仲　23
- 古日記《ふるにっき》　仲　26
- ボーナス　仲　26
- 雪遊《ゆきあそ》び　晩　20
- 雪《ゆき》かき　晩　25
- かじかむ　晩　43
- スキー　三　21
- スケート　三　21
- 竹馬《たけうま》　三　21
- なわとび　三　21
- こたつ　三　22
- ストーブ　三　22
- ゆたんぽ　三　22
- 日向《ひなた》ぼっこ　三　23
- 焚《た》き火《び》　三　23
- 布団《ふとん》　三　23
- セーター　三　24
- マフラー　三　24
- 手《て》ぶくろ　三　24
- 着《き》ぶくれ　三　24
- 風邪《かぜ》　三　25
- 冬《ふゆ》ごもり　三　26
- 湯冷《ゆざ》め　三　26
- 寄《よ》せ鍋《なべ》　三　27
- すき焼《や》き　三　28
- おでん　三　28
- 焼《や》きいも　三　28
- たい焼《や》き　三　28
- 息白《いきしろ》し　三　44
- 門松《かどまつ》　新　11
- しめかざり　新　11
- 獅子舞《ししまい》　新　11
- 初詣《はつもうで》　新　12
- 初夢《はつゆめ》　新　12
- 書初《かきぞ》め　新　13
- お年玉《としだま》　新　13
- 年賀状《ねんがじょう》　新　13
- 寝正月《ねしょうがつ》　新　13
- かるた　新　14
- すごろく　新　14
- こま　新　14
- 福引《ふくびき》　新　15
- 鏡《かがみ》もち　新　15
- おせち　新　15
- 雑煮《ぞうに》　新　15
- 七草粥《ななくさがゆ》　新　16